이제 어두울 수가 없다

인지
생략

| 들꽃동인선 62 |

창작이십일일작가회 작품집 8집

이제 어두울 수가 없다

2024년 12월 25일 초판인쇄
2024년 12월 31일 초판펴냄

지은이/김성호 외

편집위원/김이담 김은옥 박영선

펴낸이/문창길

펴낸곳/도서출판 들꽃
주 소/04623 서울 중구 서애로 27 서울캐피탈빌딩 107호
전 화/02)2267-6833, 2273-1506
팩 스/02)2268-7067
출판등록/제1992-000121호
E-mail:dlkot108@hanmail.net

값 15,000원

* 파본된 책은 바꾸어 드립니다.

ISBN 978-89-6143-245-0 03810

창작21작가회ⓒ2024

들꽃동인선 62

이제 어두울 수가 없다
| 창작21작가회 제8집 |

한국문학, 이제 어두울 수가 없다

　한국문학은 21세기 들어 세계적으로 크게 주목받고 있습니다. 2024년 노벨문학상 수상자 한강의 『채식주의자』를 비롯 여러 작품이 해외에서 호평받고 있고, 최근에는 정세랑, 박상영, 황정은 등 동시대 작가들의 작품도 번역 출판되면서 국제적 관심이 높아지고 있습니다. 하지만 한국문학이 지속적으로 세계 시장에 자리 잡기 위해서는 해결해야 할 문제도 많습니다. 따라서 한국문학의 세계화 가능성과 한계를 분석하고, 앞으로의 방향성을 모색해보는 것도 필요한 시점이라 생각합니다. 최근 K-드라마, K-팝, 한국 영화의 세계적 성공은 한국문학의 해외 진출에도 긍정적인 영향을 미치고 있는 게 사실입니다. 봉준호 감독의 영화 '기생충'이나 넷플릭스 시리즈 '오징어 게임'이 세계적으로 인기를 끌면서 한국적 정서와 스토리텔링에 대한 관심이 커져 있고, 이는 자연스럽게 한국문학에 대한 관심으로 이어지고 있습니다. 특히, 문학작품이 영화나 드라마로 각색되면서 원작에 대한 글로벌 독자층이 형성되는 경우도 많아지고 있는 것을 볼 수 있습니다.
　과거 한국문학이 영어권을 비롯한 해외 시장에서 주목받기 어려웠지만, 최근에는 한국문학번역원의 적극적인 지원과 해외 출판사의 관심이 증가하면서 번역 출판이 활발해졌다고 볼 수 있습니다. 또, 한국 작가들이 해외 문학상을 수상하는 사례가 늘어나면서 자연스럽게 한국문학에 대한 인식도 높아지고 있습니다. 젊은 작가들의 새로운 서사 방식을 보면 한국문학에서 흔히 나타나는 전통적인 가족 서사나 역사적 고통을 다룬 작품에서 벗어나, 보다 현대적인 감수성을 반영한 작품들이 한편으로 주목받고 있습니다. 즉 여성주의, 퀴어 서사, 디스토

피아적 상상력 등 보편적이면서도 신선한 시각을 담은 작품들이 해외 독자들에게 새로운 매력으로 다가가고 있다는 증거입니다. 한편 한국문학은 한국적 정서와 역사적 맥락에 의존하는 경우가 많아 번역 과정에서 그 의미를 온전히 전달하기 어려운 경우가 있기도 합니다. 특히, 한국어 특유의 언어적 감각과 미묘한 표현이 번역 과정에서 사라지거나 단순화될 가능성이 있기도 합니다. 그래서 한국문학은 여전히 문학성을 강조하는 작품들이 많고, 해외에서 인기 있는 장르문학(SF, 판타지, 스릴러 등)의 경쟁력이 상대적으로 낮은 편입니다.

이에 한국문학이 지속적으로 세계적인 경쟁력을 갖기 위해서는 변화가 필요합니다. 한국문학의 세계화는 단순한 문화 수출이 아니라, 글로벌한 문학적 대화를 형성하는 과정이어야 한다고 봅니다. 한국적 정서를 유지하면서 보편적인 감동을 줄 수 있는 작품들이 꾸준히 나오고, 독자들과 적극적으로 소통할 수 있는 환경이 조성된다면, 한국문학은 세계문학의 중요한 축으로 자리 잡을 수 있을 것입니다.

이번 8호 작품집에 훌륭한 작품을 발표하신 회원 여러분들에게 감사를 드립니다. 그리고 여러 문학매체와 문예지에 작품을 발표하는 등 왕성한 작품활동을 하고있는 모습은 본회의 위상을 그대로 보여주는 표상이라 생각하며, 마음 뿌듯함을 갖게 합니다. 문학은 그야말로 끝없는 탐구의 길이며, 깊은 고뇌와 상상력을 추구해야 하는 것입니다. 위에서 말한 한국문학의 세계화와 더불어 본 회원작가들도 다양한 언어로 소개되어 글로벌한 작가로서 각자 나름의 명성을 얻으리라 기대합니다. 이번 작품집이 다소 늦어져 송구하다는 말씀을 드리면서 김이담 편집위원장을 비롯 김은옥, 박영선 편집위원님께 그 노고와 감사를 드립니다.

2024 늦은 겨울에
대표일꾼 문창길

| 차례 | 창작21작가회 작품집 8집 |

■ 책머리에 _ 4

| 시 |

김성호　칠만 번의 노래와 춤 외 2편　10

김애리샤　성장통 외 2편　16

김은옥　기도 외 2편　22

김이담　철원에서 외 2편　26

김종휘　10월의 알곤퀸 공원에서 외 2편　29

김홍섭　꽃피고 지고 피고 외 2편　32

나금숙　정곡正鵠 외 2편　38

문예진　우리에겐 몇 개의 슬픔이 부족했어 외 2편　43

문창길　빌어먹을 인생의 또 다른 인생 외 2편　47

박선옥　만주바람꽃 외 2편　50

박승일　物神의 노래 외 2편　53

박영선　봄눈 외 2편　58

변예랑　그믐달과 파도 외 2편　63

선종구　눈雪 외 2편　69

안재홍　오징어 게임 외 2편　72

유나영　봄이 부르는 노래 외 2편　76

윤선길　가책을 손잡이로 외 2편　82

이문형　천불천탑 외 2편　88

이선유　적막의 안쪽 외 2편　91

이송우　입동 외 2편　97

이장호　실버타운 외 2편　101

이정희　매운 바람 부는 날 외 2편　107

이중동　사과가 놓인 풍경 외 2편　113

이혜녕　분리수거 외 2편　119

장혜승　걸음과 걸음 사이 외 2편　124

전용숙　유배 외 2편　128

정대구　마누라 외 2편　134

정안덕　겨울로 건너 뛰는 나무들 외 2편　138

최태랑　약속들 외 2편　144

표규현　낮잠이 오는데 외 2편　148

| 단편소설 |

임철균　리엔(蓮)　154

정수남 정상청은 죽었다 178

| 수필 |

박금아 회계會計의 풍경 210

원숙자 마이산 입산기 215

| 평론 |

심영의 5·18소설에서 주체의 문제 220
　　　　 -한강 소설 『소년이 온다』의 경우

염선옥 수양버들과 사랑·우정에 대하여 244

■ 필자약력 258

[시]

칠만 번의 노래와 춤 외 2편

김 성 호

공간과 시간이 무한으로 와락 감겨
처얼 썩 차르르 착 오르내리면서
폭포치는 물결 함께 모래밭으로
물보라 파르르 이끌어 밀쳐내며
파도를 와르락 일깨우는 소리에
갯강구 소금쟁이 콩게 달랑게 달리네.

그게 아니야 저 벌 나비의 춤
지난여름 그 모습이 아니야
저 새 지저귐 짐승들 부르짖음
그냥 신음과 응석이 아니야
어리광이며 조름이며 웃음이야
발돋움이자 흥취며 고백이라지.

초목 화훼 연두 웃음 호호 뱅그르르
광합성 굴지성 작용을 일으키면서
물관과 체관으로 오르내리면서
바위틈에 뿌리와 가지를 뻗어
천상을 향하여 띄워 올린
간원懇願이라네.

샘물 시냇물 강물의 숨결로
흙과 자갈과 모래를 몰아와
몸 감겨들 때마다 나래 펼쳐도
우르르 철얼썩 부딪쳤다 가라앉으면
조개 고둥 성게 몰려와 나뒹굴고
상어 고래가 북양까지 달린다지.

알갱이 갈기갈기 가루되도록
달이 끌어당기면 햇빛에게
해가 끌어당기면 달빛에게
들으라는 듯 자르르 르 찰싹
하루에 칠만 번씩 영원을 향하여
오가면서 노래하고 춤추네.

고마운 실패

네가 없었다면 철모르는 날마다
보라매 제 세상 만난 듯
얼마나 많은 새떼, 물고기 떼
연약한 짐승들 후려쳤을까

다정한 실패여 내 친구여
나는 헤매는 나방이일 뿐
내 옹졸 편집 못 버린 날마다,
완악을 떨치려 얼마나 몸부림쳤던가?

영혼을 맑히는 뭇 목숨들의 쓰라림
네 진정이 곡조로 흘러들 때마다
네 순후한 가슴에서 울려나는 운율에
때로는 발맞춰 신명난 춤을 배운다.

초목 화훼草木花卉가 짐승의 숨길 옥죄다
하나씩 가지와 머리와 뿌리까지 뽑혀
매연과 독극물毒劇物을 머금지 않으려
사람을 피해 강안으로 떠나지 않았던가?

푸나무와 짐승과 새와 물고기를 불러내어
순후醇厚한 손길 내밀어 살의를 접을 때
바람과 파도와 야수며 새와 풀꽃이 다가와
우렁찬 교향악 퉁겨주지 않았던가?

짐승들이 흔쾌히 새끼 치고 물 마시는 들녘이
수천억 년 생성된 창공과 바다가
만물의 아늑한 집이며 삶의 터전임이
피투성이 땅이 낙원임을 알아챈다.

한편으로 무릉도원이고 연옥이지만
섣달 그믐밤에야 내 우둔 탐욕 털어내면서
실패한 사랑 상처뿐인 삶도 행복했노라
고개 끄덕여 본다.

회천廻川

간다 간다면서
몸 함께 나아가지 못하여
추억 몇 갈피 등불 켜
여름 강에서 첨벙거려 봐도
어디 마음 가눌 냇물 있어
몇 모금 들이킬 수 있으랴
시가지 형광불빛 가물가물
머리 위 높새구름 스쳐갈 뿐
포근히 안길 물줄기 없는 강
오염 되어 허우적 허우적
스키장과 유원지를 엿보다
야수들 노략질에 혼줄 나면서
은어 천어 산천어 함께
상류로 귀천하는 몸짓, 구르다
감로 몇 모금 머금었다 토하며
햇살 쏟아지는 강줄기에 실려
해초들 군무하는 모래 턱 찾아
때로는 곡예를 익히면서
기웃기웃 줄달음 경주하면서

호수섬 해변에 닿는다.

작은 섬 모래밭에서 서성이다
물안개 피어오르면
낚시꾼 투망질에 혼줄 나
소음 들끓는 항구를 피하면서
어부들 투망질 비껴 달리면서
해변 갈매기 떼에 쫓기어
태평양으로 치달리며
함선과 여객선의 돌진을 따돌리려
급류에 진입하다 해파리에 훑여도
미리내 곤곤한 밤
북극성 등대불 향하며
수금화 목토천해명 우러러
서러움과 두려움 감추려
잠시, 유년 적 기억을 헤집어
종이비행기 띄우면서
협로로 급박하게 달려가도
오늘은 저 파랑을 못 넘어
억강한 세월 건너뛸 수 없고
맴도는 물자락에 휘감겨
흐르는 시공, 물무늬만 읽고 읽는다.

성장통 외 2편

김 애 리 샤

1
소사동 언덕길 초록색 철제 대문 앞에서 사촌들은 언제나
은하수를 물고 웃었다 나는 연탄재를 뿌리며 별보다 빛나는
시뻘건 십자가들을 바라보았다 끝을 흐리며 번쩍이는 십자가의
심장을 안고 천국의 모양으로 접히고 싶었다 여호수아가
눈웃음을 흘릴 때마다 팔딱이는 심장으로 모여드는 핏덩어리들,
그것들은 언제나 온유한 말씀으로 나를 안았다 밤공기는 은밀한
발소리를 내며 다닥다닥 붙어있는 옥상들을 밟고 건너갔다
큰엄마의 주사가 새벽 세시를 넘길 때마다 나는 마라의 죽음II'를
똑같이 그리는 상상을 했다 열어 놓은 창턱을 밟고 방바닥까지
십자가가 들어와 누웠다 기도는 습관적인 회개였다

2
다이얼식 누런 전화기는 자주 울렸다
나의라임오렌지나무나의라임오렌지나무
나는 일부러 천천히 그 속으로 기어들어 갔다
전화벨 소리는 나에게 밍기뉴였다

3
사촌들의 선물은 투명하게 빛나는 크리스털, 나는 유리조각들을

질경질경 씹으며 교회로 향했다 댕댕댕 새벽 종소리 따라 바닥으로
번지는 핏자국들은 나의 체중을 식혀주는 기도였다 내가 건너는 바다는
왜 늘 누런색이었을까 키가 큰 괘종시계엔 시침이 없었고 바로 옆
이부자리엔 광목 침대보가 시체처럼 누워 있었다 부스럭거리는
비닐봉지 소리는 닿을 수 없는 동화 속 과자의 집 냄새를 풍겼다
나는 전철 소리 따라 철커덩 거리며 다리를 절었다

4
주기도문을 되새김질할 때마다 귓속으로 걸려드는 어정쩡한
바람들 때문에 중이염은 마른 이끼처럼 번졌다 항생제는 그러나
어설픈 내성만 키웠다 사촌들이 탐스럽게 익어 갈 무렵 나는
곪아 터졌다 굴다리 아래 모여 나의 추모예배를 드리고 있던 사촌들은
예배 시간 내내 툴라'의 표정으로 울타리를 쳤다 방바닥까지 들어와
누웠던 십자가가 하늘로 올라가 빛나며 나를 인도하던 밤이었다

*뭉크는 두 번째 연인이었던 툴라와 헤어진 후 정신적으로 피폐해진 자신의 모습을 코르데
이에게 살해당한 마라에 빗대어 그렸다. 아무런 죄책감도 보이지 않는 툴라에게 자신이
정신적으로 살해당했다는 심경을 잘 반영한 작품이다.

베타보이

투명하게 사라지고 싶었지만
아무도 나를 탐내지 않았어
숨어서만 호흡하는 습관이 자라났어

뒤에서만 징징거리고
뒤에서만 히죽거리고
앞에선 기도조차 어색해

수면을 덮고 있는 물풀들의 다정함
그 그늘에서라면
마술처럼 방언이 터질지도 몰라

하루살이 같은 농담들이 떠다니는 거기에서
말라들어가는 부레를 가진 붕어처럼
뻐끔뻐끔 기도해

매일매일 뒤에서만 죽어가는 나는
멀겋게 풀어지고
나의 호흡엔 썩은 냄새만 빽빽하게 자라나

싱싱한 오늘은 변함없는 어제라 반갑고
내일 써야 할
여러 겹의 표정을 고르는 일은 신중해

조율할 수 없는 정면의 표정은 늘 어색해서
옆선의 구멍들을 하나하나 메우며
시시한 축문祝文을 써 본 것뿐이야

어서 나를 가져가 줘

낙타와 눈곱

나는 당신의 눈곱이 되기로 마음먹었어요
아무도 모르는 사이 당신의 눈꼬리에 달라붙어
기생하기로 했죠
그곳은 왜 그리 어이없이 황량하게 버석거리며 축축한지
낙타의 눈물을 본 적이 있습니까

사막에선 밤과 낮의 경계가 뚜렷하지 않아요
검은색과 흰색의 구분이 사라지면 그 뿐
어둠과 밝음이 교차하는 사막의 새벽에서 나는
당신이 파 놓은 발자국들을 차근차근 밀며 걸어가요
낙타의 등은 생각보다 물컹한 눈물샘입니다

당신이 바람이었는지, 바람이 당신이었는지 분명치 않아서
바람이 지나는 자리에는 항상 온도의 차이가 생겨나요
그 자리에 남겨진 나는 어떻게 오래된 온도일까요
그래서 낙타는 언제나 무릎을 꿇고 짐을 내립니다

당신과 나의 온도 차이만큼 얼음 알갱이들이 무질서하게 생겨나요
그것들이 자라나면서 우리의 경계는 모호해지고요

속눈썹이 짧은 나는 눈을 깜빡이는 버릇을 가지고 있어요
깜빡일 때마다 미세한 얼음 조각들이 반짝이며 흘러다녀요
낙타는 눈이 크고 속눈썹이 길어서 구차하게 아름다운 걸까요

나는 수없이 많아지며 당신에게 기생하려 애써요
일교차가 큰 사막에선 낙타도 빙하기를 꿈꾸며 걸어갑니다

기도 외 2편

김 은 옥

둥근 물결무늬에서 꽃 하나 피어나네
죽은 새끼를 업은 채 그 해역을 돌고 도는
어미고래 등 위에서 부푸는
새끼 배불리 젖 먹이던 환한 거품꽃 피어
썩어서도 자라나는 슬픔이
우리 모두의 심장에 초음파로 와 닿고 있네

주검 위에 주검의 그림자 무채색으로
어미코끼리가 흙을 닮아가는 새끼 곁을 돌며 묵도 하네
긴 코에 안겨오는 흙냄새가 몸통을 지나
발 딛는 자리마다 잿빛으로 음각되네
태양보다 뜨거운 기억들이네

무덤 위에 무덤 위에 또 그 무덤들 다 사라진 위에
태어난 아기코끼리가 흔적도 없이 무덤을 이루어가고 있네

우리도 수많은 무덤 위에 태어나
무덤 한 채씩 짊어지고 살다 가네
이것은 끝없는 길 끝없는 기도일 것이네

겨울새

형식이 슬픔조차 밀어내는 장례식장
속부터 얼어가는 보도블록에 새들이 날아와 앉는다
현관 앞에 잠시 모여 있던 사람들이
새를 처음 본 것마냥 일제히 휴대폰을 든다
서리 돋은 바닥 위에서
무언가 콕콕 찍어 먹는 모습이 절하는 것도 같다
아, 새들도 조문을 하는구나
조문을 마친 새들이 날개를 털더니
순식간에 날아오른다
찰칵찰칵
휴대폰 속에 갇혀 결빙 되는
겨울 하늘 속으로

그래, 내가 피를 뿜어주마

유리창이 핏기를 잃었어

주름진 옆구리 등 굽은 가방 커피포트와 식빵 한 봉지가 방구석에 모여 있어 여자가 천천히 포트를 끌어당겨 스위치를 올렸어 잔도 커피도 없이 물 끓는 소리만 따발총이야 식빵 한쪽 물었다 뱉고 포트 스위치도 내리고 여자는 천천히 기울어지며 벽면 따라 모로 눕네 웅크린 등 뒤 사진 속 남자는 천장을 향해 웃고 있어 벚꽃 잎 하나가 미끄러운 창유리를 꽉 붙들고 놓지 않아

꿈틀꿈틀 쳇바퀴
또각또각 뒤쫓는 구두 소리
꽃향기 에스컬레이터 밀려 올라와
반쯤 짓이겨진 목련 꽃잎 떼죽음 앞에
까마득한 저 아래 벌어진 구멍으로
벚꽃 잎 날리더니
벚꽃 부고들도 쌓여가

남아있는 꽃봉오리들 위태로운 줄타기
흔들흔들 가지 끝에 걸린 유리창

사각 유리창 안 누워있는 여자의 초점 잃은 눈동자가 천장에 흑백필름 돌리네 산란된 희미한 빛 툭툭 끊기네 지지직 지지직 빗금 지며 바람 부는 필름 속 머리카락 날리네 그 남자 손 흔들며 활짝 웃으며 다가오는 듯

그도 저도 피를 머금고 기억처럼 저물어갈 때

철원에서 외2편

김 이 담

오른손을 들어도 민들레
왼손을 들어도
조선 민들레

무너질 듯 무너지지 않는
녹슨 철조망 넘어

절룩절룩 날아오는
기러기 떼

이마에 손 얹고 오래
바라보는
북쪽 하늘

화인火印

동백이 오면
제주 사람들은 말을 잃지
어버버 어버버 꽃잎 뜨는 바다에
징그런 그날들 죄다 몰려와서
눈동자에 윤슬로 그렁하지
눈물조차 흐르지 않는 이 들판 어닌들
눈뜬 채 나뒹구는 생생한
모가지들 없었으랴, 아들이 도망치면
아배가 죽고 어매가 죽고
삼촌이 달아나면
어린 조카가 대창에 찔리던
무간지옥의 붉은 어둠 속
귀 틀어막고 눈 감아도
불을 뿜는 총소리의 환영들
젖어서 오는
벙어리 하늘 아래
꽃송어리로 다시 살아오는
검은 얼굴들 동백이 오면
핏빛 동백이 오면

수종사

수종사에는
수종사가 없습니다
노을이 살 속 깊이 파고드는
저물녘, 북을 쓸고 온 한숨과
남에서 내달린 그리움이
몸 뒤틀며 얼싸안고 울음 터트리는 곳
서러운 것들 등 토닥이며
어룽어룽 떨어지는 저녁 종소리
파문으로 피어나서
한 물결로 도란도란
밤새 잠들지 못하는 우리들 숨결 속에
수종사는 흐르고 있습니다

10월의 알곤퀸 공원에서 외 2편

김 종 휘

바람이
바람 찾아 헤매다
퇴적된 그리움이 폭발해
불꽃으로 타오르네

치솟는 불길 높아
온몸에 화상 입은 산들

길목마다
물집 큰 아픔 안은 채 쓰러진 고목들 사이로
내리는 빗 줄기

시월을 다독거리며
내 안에서 흐느끼네

성냥불

어둠 속에서
저 홀로
타오르는 여인

내 가슴에 불 지르고 말았다

방

너를 위한
빈 방이고 싶어서
비워내고 비워내도
비워지지 않는
방 하나

내 안에 있네

꽃피고 지고 피고 외2편

김 홍 섭

하늘까지 하얗게 연분홍으로 덮힌
꽃천지 꽃대궐
조용히 걷다가 달리다 달리다가
걷고 쉬고 꽃천지 달려간다

얼마만의 흥건한 축복인가
얼마만의 넘치는 봄의 물결인가
청춘의 질풍노도인가

하늘에도 땅에도 들에도 구석에도 사방에 꽃피고
낮은 골짜기마다 물소리 높은 산정마다 함성소리
온 거리 휘돌아가는 아이들의 노래소리

봄비 봄비 생명의 봄비 내리고
꽃잎들 재우고 잎새들 다시 깨우는

무한히 나뉜 시간은 멈춰있다란 명제

오늘 꽃피고 무한히 나뉜 현존으로
나는 오늘 꽃피고 꽃지고 잎나고 열매 맺는 것

오늘 혼곤한 꽃들의 축배
봄바람에 흩날리는
저 순수의 춤판
그 깊은 잠들을 보는가
잡을 수 없는 순간을 보는가

어머니 생신

잔설 산모롱이에 아슴하고
멀리서 아지랑이 솟을 듯한
오늘 입춘에
어느 산골 서당 스승님 막내로 태어나신

진달래 산벚꽃 산수유
노고지리 높이 날던

엄혹한 일제의 억압에도 생생하게
아버님 무릎에서 한자와 한글을 배우시고
교회당길 달려오시던

열일곱에 시집오서
산 설고 낯 설은 동네에
아들딸 낳으시고
온갖 집안 일 도맡아하시고

사랑으로 자녀들 키우시고
적은 물질에 많은 사랑으로

부족함 없던 우리의 어린 시절

오늘 작은 보름 어머니 생신
내 생일은 온갖 나물 찰밥에 언제나 풍성해야
하시던 어머님 말씀

천국에 계실
사랑하는 내 영혼의 깊은 샘물
꽃대궐 어머님 사랑

부활의 아침

바위 굴려 틈새로 비친 햇살
어둠의 날들 뒤로하고

세마포 풀어놓고 빛으로 걸어 나오신
죽음 이기고 생명으로 비춰시는

잎새들 새로 반짝이고 새들 즐거이 노래하고
동굴의 어둠을 생명의 빛으로 바꾸며

창세 전부터 이 세상 지나 천국까지
함께 하리라

눈물로 뿌린 씨앗 싹트고
사랑으로 핀 꽃 만발하며
기다림으로 맺힌 열매 주렁하며

세상의 모든 질고는 나뭇가지에 이는 바람 같은 거
훗날의 기쁨에 비교할 수 없으니
잎새들 함께 하면 더 즐거우나니

거듭난 햇살로
영원한 생명으로 다시 피어나리니
함께 하리니

정곡正鵠 외 2편

나 금 숙

그때 당신의 언어가 1mm만 깊이 파고들어 왔어도
내 붉은 종이심장은 파헤쳐졌을 것이다.
거기서 장미의 진홍꽃잎이 짓이겨지는 것을
보았을 것이다.
낭자한 향기가 핏물처럼 흘러내려
당신은 일생 동안 다른 냄새를 잃어버렸을 것이다.
이미 다른 장미를 짓이길 때
묻힌 피를
흐르는 냇가에 가서 씻고
칼끝을 예리하게 갈아 새로 탄생한
눈부신 빛의 칼로
단 한번에
내 심장을 조준했다면

이 심장은 죽음을 그 영원을 노래했을 것이다.
한번 사정射精에 죽어버리는 연어처럼
당신의 칼은 그랬어야 했다.
당신의 별은 그랬어야 했다.
주저흔을 남기는 사랑이여
살인현장을 확인하는

용의자처럼
몰래 와서 다시 확인 살해하는 사랑이여
그러나 여전히 그 언어의 칼끝은 무디다.
꼭 1mm정도 정곡正鵠에 못 미친다.
수사修辭의 무덤가에 와서 속삭이지 말라.
이 무덤은 갈아엎을 수 있는 밭고랑이 아니니
우량한 씨를 심거나 휘묻이를 하기엔
대기나 대지는 너무 불온하다.
굶어 죽어가는 아비에게 젖을 먹이는 딸처럼
너무 아픈 사랑은 사랑이 아니다 *
종이장미는 장미가 아니다.

*류 근 작사, 김광석의 노래 중에서

오라클, 봄꽃
- 최정례 선생님께

세상의 모든 감탄이 꽃으로 피었습니다
립서비스보다는
엎드려 발 씻겨주기를 원하는 만물들이
바이러스 겁내지 않고
벌거벗은 심장을 보여주네요

말문이 막히거나 숨이 탁 막힐 때는
맨발을 지금 그대로
꽃나무들에게 내밀어 보세요
꽃빛과 향기가
따뜻하고 맑은 물줄기가
주름지고 뒤틀린 발을 구석구석
어루만져 씻어줍니다

대공원역쯤에서 우연히 마주친 봄날,
다음 역에 같이 내리자고 하실 때
훗날로 미룬 것 죄송합니다
몇 달 후에 가실 줄 알았다면 그럴 리가요
노트 뒷장에 메모해 놓은 메일 주소와

장롱 서랍 맨 아래 당신의 인감도장

죽음의 살점을 떡처럼 떼어먹고
삶에게로 돌아올 수 없으셨나요
커피 마시자던 목소리가
귀에 생생합니다

잠깐 멈추고 얼굴 마주하자고
누구에게도 말하지 못했어요
피곤한 발들 씻겨주지 못했어요
작은이들 중 하나라도 잃으면 안되어서
한 마리 양을 찾으러 간다지요

엎드릴 줄 알고
절벽 아래에도 찾아갈 줄 아는
초저녁별이
혼자 하늘에 명랑합니다

지금 몸에 불이 붙으면 꺼 줄 사람
있습니까
만약……이라는 약속 밖에는 해줄 게 없는 봄,
불임이 행복한 나의 정원에는
나머지 꽃들이 활짝 피었습니다

가을 밥상

새털구름이 석양 무렵을 흔든다
허공 한 뼘이 소류지를 품고 있다
길을 돌아가거나
늪을 건너야 도착하는
늙은 은행나무의
그림자가 펼쳐진 원탁 위에
높이 열린 견과들이 부서진다
어린 청동나귀는
막 날개가 돋기 시작한다 어느 때나
홀로 목젖이 뜨거워지는 저녁은 쓸쓸하다
골짜기를 내려온 나무들과 새털구름이
친구처럼 빙 둘러 앉는다
마른 풀이 쓸고 간 바람에 나무들의 긴 다리가
상床아래로 서늘한 저녁은 쓸쓸하다
갓 지어낸 밥의 훈기를 기억하는 숟가락처럼
은행잎이 맑은 소리를 내며
가만히 떨어진다

우리에겐 몇 개의 슬픔이 부족했어 외 2편

문 예 진

그날 지상에서는 한 무리의 사람들이 사라졌고
우리는 눈물을 모아 반짝이는 수정을 빚기로 했다

투명한 것도 무기가 될 수 있다는 소문에
너는 새어 나오는 표정을 끌어당기며 근엄했니?
표정의 어느 부위는 근육으로 덧붙일 수 있다는데
허영과 무심 사이에 갇힌 골목은 모를 거라는 착각

이기적인 도시는 수정을 완성하는 대신
어둠 같은 걸 잘게 찢어 비밀에 부치기로 한다
무서움이 없는 건 바보야
모조품 같은 왕국의 안부를 묻는 바람이 낡은 신전에 앉아 비틀거린다
무슨 생각을 하세요?
꽃잎을 훔친 죄

먹구름이 짙어질수록 하늘은 고해성사 같은 걸 흘리고
좁은 골목 사이를 빠져나가지 못한 꽃잎들이 환생을 기다리는

무료한 도시가 가끔 식어빠진 양심을 찔끔거리지만
아직 제단을 세우기엔 부족한 눈물

우리는 늙은 신들의 방에 도착할 뒤늦은 슬픔을 기다리고 있다

멸치젓을 달이다

미꾸라지에 소금 치는 걸 본 적 있었지

죽을 힘을 다해 파닥거리던 미꾸라지들

그것 닮은 생멸치 한 짝을 사와 소금을 쳤어

죽일 듯이 왕창왕창

석 달 열흘쯤 지나 살肉이 녹으면 멸치젓을 달여야지

열흘도 지나지 않았는데 통통하던 살殺이 녹아내린다

골콤한 세월

한솥 가득 펄펄 끓는 봄날의 향기

한여름

　삼겹살 파는 동해식당과 생맥주를 파는 델리킹, 연분홍 매화꽃이 벽지 속에서 시들어가는 사케집 떡집이랑 곱창집 미장원이랑 치과가 오밀조밀 얼굴 맞대고 있는 변두리 상가 주차장에
　　성냥갑만 한 컨테이너가 땀 흘리고 있다

　햇빛만 쨍하던 주차장에 고요를 깨트리며 자동차 한 대가 들어오고 낯가림하듯 머뭇거리자 0.5배속으로 기어 나온 남자가 발효된 빵처럼 부푼 배를 내밀더니 양팔을 휘저어댄다 욕설처럼
　　나이를 짐작할 수 없는 팔척장신 그의 행동반경은 딱 컨테이너 주변 한 뼘이다

　한바탕 휘젓고 나니 웅크렸던 마음이 펴진 걸까?
　그제야 멈칫거리는 자동차를 손가락으로 끌어다 빈자리에 끼워 넣고 익숙한 듯 컨테이너에 물을 뿌린다 다시 녹슨 철관鐵棺 속으로 사라진

　　남자를 먹어 치운 햇살이 공갈빵처럼 부풀어 오른다

빌어먹을 인생의 또 다른 인생 외2편

문 창 길

너의 머나먼 사랑만큼 싫다
나는 길고 싶지 않아
그리고 나는 머물고 싶지 않아
나는 할 수 없어 죽어도 못 하겠어
세상의 자연 속에 남겨진
전투적 시체와 함께 계속 전진
앞으로 나아가야 해

오늘까지 가까이 머무는 중
정신적으로나 육체적으로나 지쳤어
재능을 채우고 있는 식구들과
내 모든 동료들과 도와주지 않는
내 친구 친구들 믿고 믿어

나들은 지루하게 일해 왔고
사랑해 왔고
모든 거래자와 고객들 그 고객들에게
정말 감사하게 생각한다

전쟁
- 그믐달

그들은 그렇다
동시에 긴 머리로 비틀즈 노래를 들어봐
바람의 힘을 얻은 종소리로 우크라이나 전쟁 반대
우리는 사실 새로운 목소리로 주장하였다

철공소 앞 찻집에서 한번 웃자
거미집에 걸린 벌레 같은 삶이
갑자기 블라디미르 푸틴, 그리고 베를린 장벽
동유럽에 집중된
아이언 바 커튼을 빼라고 한다
그들은 그렇다
우리는 손으로 세상을 다시 흔들었다
동시에 내 머리를 색칠하고 힙합 음악을 듣는다
그러다 컴퓨터를 만지며 게임 중

이기는 맛을 즐기고 싶다
그들은 그렇게
굴곡진 강을 뻗어 흘러갈 수 있을까?

검사

체계적인 형태 파괴에 당나귀처럼 말랐다
관리자 시스템 실수로
나는 그들이 피해자라고 생각했다
약물경제학의 건조한 주문 속에서 게임 중독에 빠져
이미지를 벗어날 수 없다
씨앗처럼 죄책감에 내 마음은 사랑처럼 아프다
혁명기에 우리는 봄처럼 분노한다
이제 어두울 수가 없다

어떻게 생각 하세요

위협은 허용되지 않는다
너희들의 특별한 용기
규율적이고 규율적인 방식으로 너희들은 최선을 다한다
너희들에게 다시 또 주문처럼 기도한다면
민주의 새벽을 기대하며 응급 상황을 통과해야 돼
그래서 여러분 모두는 이제 모순의 순교자이다

만주바람꽃 외2편

박 선 옥

말도 없이
만주로 떠난 할아버지의 부음을
풍문으로 들었다

악착같이 새끼를 끌어안고 삭인 세월
원망도 눈물도 지워버린

할머니 무덤에 피어난 바람꽃 한송이
당신만 볼 수 있어요,

단단한 뿌리

산동네 정류장, 오래된 골목
따스한 손수레 천막
어둠을 지키고 있다
늘 바람 불어 덜컹거리는 소리
떠나지 못하고 있다
군고구마를 팔겠다는 마음보다
이냥저냥 나가서 오가는 사람들 맴도는
펭귄 걸음, 펄럭이는 불빛이나 헤고 있는,
오늘로 끝이다 끝이다, 하면서
또 날이 저물면 시린 마음을 끌고 나오는
군고구마 리어카, 함박눈이라도 내리면
장사는 팽개치고 아삼한 고향
안부를 묻는 장대 끝 날개 잃은
나무새, 늙은 사내를 본다

첫눈

첫눈이 내린다
아홉살이˙ 깊은 산속

그때의 기억이 크리스마스카드로 찍혀있는
외딴집, 그늘에 놓인 치차꽃 같은 처녀는
마을 오빠들 비밀이 담겨있고

내 마음 장독대에 쌓이는
송이눈, 그녀의 머리 위에도
밤새 내리고 있겠다

*아홉살이 : 지명 이름

物神의 노래 외 2편

박 승 일

사랑하는 나의 아들 딸들아
너희들은 소돔의 땅으로 가
피의 번제를 드려라
신전에 맘몬의 돌을 세우고
경배하여라
황금으로 만든 순결한 처녀를
유황불에 던져라
그리하여 밤이 오면
어슥한 이스트 강변
월가의 무덤에서 잠들라

에펠탑이 구름 위로 불타오르고
여신의 횃불이
검푸른 바다로 침몰할 때
창공으로 솟아 오르는
신생의 루시를 보게 되리라

아편에 취한 은빛 방주에
네 육신이 누워
혹성을 떠돌며

번성하리

문명의 제물이 된 황무지에
플랫폼 제국들의 붉은 휘장들
그 장막 뒤에 창을 든 살루키가
스핑크스의 개처럼 서 있다네
하얀 원숭이들이 쇠사슬에 묶여
그 장막으로 걸어가며 노래하는구나

내 영혼은 오래되었으나
육신은 빛나고

프로이데 프로이데
환희여!
낙원의 딸들이여!

2024년 겨울

광야에 흰 눈 나리고
자작나무숲 깊이 잠들었으나
타노스의 가면을 숭배하는 자들
그 음모는 잠들지 않았네

두보는 인민을 사랑했으나
천안문광장은 피의 일요일이었네

황하에 붉은 뱀
천하 계략을 품고
파미르 고원 너머
미친 황제 꿈꾸네

오데트의 백조는 어디에 있나요?
시베리아 푸른 호수에 고이 잠들었니?
크렘린 동굴에 외로운 이리
피바다 속에 벌거벗고
목욕을 한다네

맨하탄 밤거리에는
점박이 하이에나
먹이를 찾아 어슬렁거리고

저 먼 남녘 이라와디강
그 피눈물은 흐르고 흘러
붉은 바다 이루었네

통곡의 벽에는 누가 기도하는가?

이 땅을 보라
꽃피는 산언덕에
핏망울 스러져 간
반역의 땅을

북녘에는
고혈로 만든 의자에 기대어
동물농장 노래 부르고

한강에는 검을 든 사내들이
춘앵가를 부르며 뱃놀이를 한다네

사모스의 배

헤라와 사포는
저 언덕에 잠들고

그 옛날 사모스에 홀린
피와 창검들은 바다가 되었네

헤라를 연모한 시인들은
다투어 꿈과 사랑
인간의 슬픔과 운명을 노래했지

푸른 바다

은빛 구름

흰 새들

돛대 없는 배

봄눈 외 2편

박 영 선

바람에 몰려다니며 내린다
오른쪽으로
왼쪽으로
서로를 껴안으면서 내린다
가끔 몇 개의 눈들은 창문에 붙어
나를 바라보기도 한다
권태로운 나의 눈빛과
사라지는 너의 눈빛은 소멸을 위해
만났을까

손을 내밀어봐
눈물 몇 방울
손금 위에서 반짝거린다
어디로 갔을까
때로 원하지 않는 부름에
흔적 없이 사라지는 것들을 기억해야만 한다
손금을 타고 멀리 흘러갔던 수 만년의 슬픔
아무도 믿지 않는 눈송이 되어
봄이 오는 곳으로
날아갔으면

봄이 오는 곳으로
날아갔으면

블랙박스

난 다 알고 있어
반짝이는 붉은 눈들이 등 뒤를 따라 다닌다

늦은 밤 골목의 연인도
비틀거리는 술꾼도
이웃들의 싸움과
쓰레기 무단투기도 감시한다
집 밖으로 나오는 순한 걸음마저
세세하게 기록되고
저장된다

나는 당신의 빅데이터를 가지고 있지

감시자가 지켜보는 동안에도
꽃은 피고
나무는 자라고 눈은 내린다

무심한 시간들은 더 강력한 힘을 만들어 내고
대피공간은 사라져 갔다

비밀은 저당 잡힌 지 오래
무기력한 사실들만 잡초처럼 자라나
유리벽 위를 올라가고 있었다

어떤 죽음에 관하여

스스로의 끈을 놓는다는 일
다시 돌아가는 골짜기는 아닐 것이다
나무 이파리처럼 떨어져 나간
너의 몸 위로
햇빛은 여러 차례 색깔을 바꾼다

바람에 흔들리는 깃발 같은 날들이여
찢겨져나간 희망 따윈 잊어버려라
이미 그래왔던 것처럼
너를 위한 아름다움은 사라진지 오래
캄캄한 얼굴로 보이지 않는
안식을 찾아가는 길

가장 짧았던
겨울 햇빛이 먼지를 털고

그믐달과 파도 외2편

변 예 랑

　무의도 바닷가 해풍에 쪼글해진 손등이 젖은 눈 비비고 있다. 백수인 외아들과 낙지장사 며느리, 다투는 소리가 섬 하늘을 찌를 때마다 그녀는 꺾인 무릎 휘적이며 집을 나온다. 주저리주저리 속상한 얘기를 공중에다 토하면 무릎이 닳아도 공중회전에 문제 없는 갈매기가 끼룩끼룩 화답한다.

　그믐달 같은 그녀의 눈 속에 파도처럼 넘실거리는 며느리가 살고 있다. 흐릿한 눈 속에서 며느리는 낙지도 팔고, 밭도 매고, 저녁이면 바닷가 출렁이는 파도 끝자락 몽돌 뒤집으며 낙지도 건진다. 이제 그만 그 눈에서 내보내 달라고 사정하고, 악까지 써봐도 경계가 모호할 만큼 이미 흐려진 눈으로도 며느리의 간청을 바닥으로 흘린다

　오래전 10점 모자란 남편, 눈에 제대로 담지 못해 천 길 파도 속으로 먼저 보냈다. 뱃속 핏덩이가 자라서 백수가 되었다. 가끔 악몽이 출몰하는 집안으로 뜻밖에 길몽을 지닌 며느리가 들어왔다. 불길한 기운이 퍼지기 전, 그녀는 길몽을 미리 눈에 넣고 살게 된 것이다. 그믐날 가물가물 초점 흐려진 날에도 며느리의 감옥은 쌍안경 도움까지 받아가며 삼엄하게 유지된다.

　달이 가고 해가 지날수록 기력이 낡아 간다. 눈에 실금이 간지 오래

다. 벌어지는 실금 사이로 핏물이 흐르는 날도 있다. 수리되지 않는 울타리를 붙들고 견디던 그녀가 그믐달과 함께 경계를 풀었다. 만월의 눈빛에서 해방된 며느리가 잠든 집 담장 위로 총총한 그믐달이 한 달에 며칠 씩 기호처럼 걸려있다 사라진다.

가짜를 사랑할 수 있니

가짜가 핫한 세상
웹사이트 시선 고정하고
마우스 위에 검지 손가락이 꼬물꼬물

딸깍, 하는 걸로 부족하지

가방과 원피스
가방과 와인
가방과 스피커
사각 안에 무수한 가방이 들어있다

모양뿐인 가방
가방은 사각 안에서 얼굴로 말하지

쇼핑은 날마다 즐겁고
눈동자는 위로 위로 커서는 아래로 아래로
너무 많은 얼굴, 내가 몰랐던 얼굴들

눈이 점점 빨개지고

입술까지 깨문다

내가 받은 선물
내가 만진 얼굴과 똑같은 눈코입이 사각 속에 있다
팽팽했던 사랑의 감성이 느슨해진다

이미 아는 낯빛을 지울 수 있을까
유선과 무선이 연결되는 밤마다 그를 읽었는데
보이는 단면에 생각들이 이입된다

엉거주춤하는 사이
검지의 끝이 클릭 클릭 클릭
내가 모르는 얼굴이다
가짜가 잘 흘러가도록 가방이 어깨를 세우는 밤이다

완전한 믿음

틈을 가진 한 남자가 서쪽으로 흐르다
한 여자의 소금밭에 닿았습니다

밥도 주고 돈도 준다는 여자의 말이 그럴듯해서
해와 달 동무 삼고 소금밭을 일구었습니다

가끔씩 저녁밥상이 없는 날이 있어도
슬픔에 젖어들지 않았습니다

그녀와 결혼을 했습니다
하객은 없었지만
혼인 신고는 소문까지 내며 당당하게 했습니다

그의 틈에 그녀를 믿는 믿음으로 단단히 채웠습니다
그는 24시간 읽히지만 그녀를 읽지는 않았습니다

몇 년이 지나도
이슬에 젖은 작업복이 전부인 남자를 보고
사람들은 수상한 부부로 여기기 시작했습니다

제복 입은 남자들이 몇 차례 다녀가고
그녀는 경찰차를 타고 마을을 떠났습니다

동침과 동행을 한 적 없어도
완전한 사랑을 한 남자와 완전한 범죄를 꿈꾼 여자

틈이 생긴 소금밭에 모래가 흘러들어도
그의 틈에 채운 믿음은 가을이 가도 변하지 않습니다

눈雪 외 2편

선 종 구

저 높은 하늘의 들녘도
한 해 농사가 끝났는지

익어 터진 겨울의 홀씨들이
공중에 흩날리고 있다

높고 외롭고 추운 데부터
천상의 꽃을 달아 주면서

산 아래 웅크린 마을에도
눈이 내린다

작은 텃밭이라도 된다는 것인지

차가운 내 손바닥 위에도
머뭇거리며 눈이 내린다

추석秋夕의 묵시록

올 추석을 기록한다
기록하지 않을 수 없다

처서, 백로가 훌쩍 지난 8월 한가위
낮 기온 섭씨 36도
체감 온도 40도를 육박하는

최초의 추석을
추석의 최후를

쐐기문자로 기록한다

서기 2024년 9월
생명과 자비의 태양신神께서
드디어 인간의 멱살을 잡아당긴 날이라고

2023년 겨울

예수는 해마다
같은 날 태어나고
수염이 허연 산타크로스는
아직도 죽지 않았다

때마침 눈이 내려
더 뜨거운 성탄전야

구세군의 자선냄비는
넘치는 법이 없고
한 전쟁이 끝나기도 전에
또 다른 전쟁이 시작되었다

30미리 대공 포탄이
어두운 하늘을 수놓는 밤

섬광보다 가까운 건
휘황한 거리의 네온사인
별빛 보다 먼 것은
이 땅의 사랑과 평화

오징어 게임 외 2편

안 재 홍

　놀이의 귀재가 되었어요 거꾸로 매달아 놓아도 살아남지요 우리는 장기판의 졸 배수진을 치고 놀아요 여차하면 진짜로 죽는 놀이 말이에요

　달고나 게임을 해요 별 모양은 양반입니다 삼각형을 손에 쥐면 미소가 번지지만, 얄궂게도 제일 어려운 우산 모양을 선택했어요 부지런히 혀로 녹이고 바늘로 살살 찔러 보아요 살아가려면 달콤함은 진즉에 포기하고 일분일초도 쉬지 말고 일해야 해요

　한 번도 가져보지 못한 사람들끼리 피 터지게 경쟁하지요 자동공정 컨베이어 옆에서도, 도로의 배달경쟁에서도, 건설현장 비계다리까지도 아슬아슬 건너왔어요

　가진 자들은 낄낄대며 즐기지요 와인잔 들고 체스 두듯 바라보아요 자본의 독재는 생각 이상으로 강고합니다 법과 제도는 언제나 그들 편

　얼마나 더 기울어져야 균형이 잡힐까요 가난은 바짓가랑이에 붙어 있는 도깨비바늘처럼 좀체 떨어지지 않지요 믿지 않기로 했어요 노동하는 사람이 세상의 주인이라는 말을 이젠 알 수 있어요 우리는 앞으로도 늘상 달콤한 유혹에 속으며 허청허청 살아가리라는 것을

오해는 가까이에서 자라고

가령 이런 구도
나는 웅크린 채 삼각의 한 점에 숨어있고
너는 맞은 편 빗변을 걷는다

그러니까 너는 거기에
나는 여기에 있다는 것

삼각의 예각에서 건너편 둔각을 바라보고 있으면
사소한 것들도 부풀어 느슨해진다

너는 사랑한다는 말을 혀 아래 감춰두고
사탕처럼 살살 굴리지만
벼랑 사이를 건너는 나는
웅얼거리는 말을 이해하지 못한다

매듭을 고쳐매기도 전에
서로의 지문을 지우고 시치미를 떼니
진술은 하품처럼 부질없다

이해와 오해는 한 끗 차이

오해를 이해할 묘수는 별로 없어
오해하는 방법을 바꾸어볼까

머뭇거리는 사이 너는 사라지고
변한 것은 아무것도 없다지만
나는 더욱 골똘해진다

그러니까 너는 거기에
나는 여기에 오래도록 미끄러지자
처음부터 다시

이석증

　잠의 길을 걷는 시간은 위험하다 당신에 대한 뾰죽한 생각들이 길목마다 웅크리고 있어 잰걸음으로 꿈의 바깥을 걸어보려 하지만 향방이 모호하다 나는 자꾸 뒤척이다가 무채색의 방안을 서성거린다 문득 정체불명의 사이렌 소리를 듣지만 무신경으로 대응한다 녹슨 기억의 상자 앞에서 걸음을 멈추고 나를 증명하려 기록을 들추어 보아도 어지럼증은 가라앉지 않는다 의자에 앉아 스푼으로 알약을 갈아서 먹는다 여전히 꿈 밖의 시간도 위험하다 밤새 울먹이다가 벽지의 익숙한 잔꽃 무늬를 확인하고 나서야 안도한다

　베란다 난간에 이불을 넌다 어젯밤의 불안한 흔적들이 보푸라기로 붙어있다 힘껏 흔들어 털어내니 후드득 떨어져 나간다 담장 너머 구름 한 조각 둥실 떠있고 물버들 그림자를 안고 있는 호수는 깊고도 고요하다 오늘은 초저녁부터 잠자리에 들어야겠다

봄이 부르는 노래 외 2편

유 나 영

봄의 언덕에 오르다가
생각이 많은 풀 한 포기와
꽃나무 한 그루를 만나
이야기를 듣고는
내 육신의 가난한 능선을
바라보면서
나는 유년의 장난스러운 모습은
어떠했는가
그렇게 묻고 있다

풀 한 포기의 자라난 과정을 보는 동안
얼마나 많은 생각을 모아서
끝내 흔적을 털어내고
꽃을 피우고
개나리꽃이 막 피어오르면서
병아리의 목덜미에서
귀여움 터는 삶의 순정을 어르고
타오르는 사랑의
아스라한 꿈자릴 보는데
봄의 언덕에 이르러

나는 비로소 철부지 삶을 추궁하면서
봄의 향긋한 시선에 취해
사랑을 물어보고 있다

꽃 좋은 날에 바람 불어가고

꽃 지펴 좋은 날
언덕배기 아래로
아래로만 바람이 일고
고단한 삶은 풍경처럼 울리더라
산울림처럼
꽃은 그리움 깔고는 산화하더라

물가에는 물이랑이 노여움으로 넘나들고
꽃 좋은 참 고운 자리엔가
꽃은 얼마나 놀래었던지 지더라

사랑은 지나가면서 꽃잎 두고
아련하게 설레었습니다
사랑은 진통한 몸짓을 두고 웅크리다가
꽃잎으로 떨어지고 있었습니다

꽃은 사랑으로 곱듯이 향기로 남아
가끔씩 웃음 두고 놀다가
바람 앞세워 이별 서둘며

산울림으로 남아
아픔도 짐짓 넘치는
그것마저 휴대한 채 가고 있었습니다

꽃이 좋은 날 이야기 두고는
바람이 불어 가고 있습니다

기억의 길

이 길섶에 지나간 세월
뿌리고 쌓인 게 태산만 하겠지

내 살던 토방 밑 양지녘에
그리운 사람을 뇌이면서
바람이사
머물다 가고
정든 이야기들이 노을에 덮여
끝내는 메아리로 나부끼겠지

사립문 열고 길을 나서다
삐걱거리는 세시의 뒤란에
달은 뜨고
달빛에 젖어
철꽃은 쉬엄쉬엄 옛 이야기 이르겠지

나는 삶의 끝이 어디인지
알지 못하고
안식을 위해 노래하면서

만나야 할 사람에게 손을 주고 싶은데
달은 내 그리운 서정의 난간
내 삶의 맞은편에 서서
삐걱거리겠지

사랑은 가고 없는
빈 땅
유배지에
한 그루의 사철나무 시름시름
고향의 등피에서 나부끼는데

저무는 날 빨간 노을빛 타는
박꽃은
이 가을에 이르러 시들고
나는 곤혹스런 몸짓을 끌고
고향의 산기슭을 오르게 되겠지

가책을 손잡이로 외 2편

윤 선 길

스마트폰을 주무른다
코드의 폐지를 줍다 보면
한 시간은 너끈히 흐르지
녹아내리는 나의 시간이여

이 펄프를 이 세상을 뒤집는 나로
재생시키고 싶은 마법을
한 번쯤 생각하지 않았겠는가

하지만 나에겐 힘이 없었다
질병이 비추는 시간, 나는
약을 먹지 않으면 몇 배의
시간을 찢으며 날뛸 것을 알기에
잠자코 어린아이로 있다

그렇게 있으면 내 세상은 파괴되지 않을 것이다
펄프나 줍는 현상을 지켜나갈 수 있을 것이다
나를 폭발시켜줄 하나의 계기라는 거,
그것은 죽음을 의미할지도 모른다

그것을 각오하고 나를
뛰쳐나가는 시간을, 이 재미없는 생명을 거꾸로 뒤집어줄 이를
온갖 핑계를 대며 피하다가

드디어 피할 수 없는 시간이
어마어마하게 쌓인 채무처럼 당도했다

그것을 갚지 않고는 세상에서
온갖 가책을 가질 수밖에 없는 게으름을
나는 착실히 쌓아왔기에

나는 문을 조심스럽게

* 인터넷 광고 보면서 캐쉬를 받는 것을 인터넷 폐지 줍는다는 말을 쓴다.

화산만개

모두에게서 헛소문으로 전해져왔던 나날들
폭발하는 지진으로 난동하는 화산이여

애인의 폭발하는 고백을 언제까지
멈칫거리는 눈으로 바라보았다
애인이 당장 다가올 것처럼 바라볼지라도
지금은 감정을 무너트리는 지진이 아니다
어떤 화산도 폭발하지 않았다고
나의 심장은 멈칫거리며 비웃지 않는가

예보를 울려대는 기상청 같이
내일의 예보는 비가 오리라고 하는데
내일은 쨍쨍 나를 애태우지만

깊이 들어가서 봐야 알 수 있다
화산 아래 만년빙은 천 년 만 년을
얼어있던 시간을 녹여가면서
현실적으로 가까워지고 있다
나의 감정으로

잿빛연기가 눈을 검댕으로 칠할 시간

얼음은 끓어오르는데
화법은 너의 불꽃으로 조금씩
달아날수록 붉은 빛은
그 시간을 가까이하니
불타오르라 나의 죄가

주저할수록 사죄의 시간을 길게 하리니

꽃이 피는 법

양지를 향해
나아가는 것만이 너의 사는 이유일지 모른다

그러나 그런 너를 모두가 싫어한다
왜냐고?

그 모습으로 살아왔으니
거울을 쳐다보는 것 같아
진저리나는 것이다

나 혼자 잘났다고
고고하게 살아가는 건 있을 수가 없다

양분 없이 살아가는 건 있을 수가 없듯이
당당하게만 산다는 건 말라죽는 걸 자초하는 것과 같은 것이다

하지만 인정하라
너의 뿌리는 똥에서 자란 걸 먹고도
당당하게 아름답게 바뀐다

그건 네 삶에서 빚어지는 생각과
그 속의 땀 때문이다

땀은 이 세상의 의지를 폭발시켜
이 세상에 없던 것을 사람들에게 쏟아내어
바라던 것을 되는 것으로 비추어내는 생각들
너희들이 겨우 똥에서 그치지 않는 건 그 때문이다

천불천탑 외2편

이 문 형

弓弓乙乙

나를 찾아

바람의 계곡에 갔었네

새 하늘과 새 땅을 수줍게 아로새긴

천 불 천 탑 중에 나는 없었네

나를 벗고

두렁 닮은 석불 하나

낳고 싶었네

산 벌레 소리

산은 어디까지인지
초가을 햇볕에 나른한 산이
밤이면 제가 키운 소리에
잠들지 못한다
한철 미세한 세월 속에
보이지도 않던 삶들이
남들처럼 때가 되어 가겠다고
산문 나서며
목청껏 한 소리한다
이제야 말이지만 우리는 숲이었다고
산이었다고

별이 빛나는 밤

그림자가 없는 사랑은
너무 뜨거워
서로가 서로를 태워버린다
사랑만큼의 거리를 두고
멀리서 바라보아야 한다

광년의 기다림이 있는
그보다 더한 사랑이 있는가

우주의 끝을 향하는 우리 사랑

저 별들을 바라볼 수 있는 이 밤이
너무도 짧다

적막의 안쪽 외 2편

이 선 유

잠을 밀다가 벽을 밀어
어딘가로 추락한 것 같습니다

생시인 듯 나는 바다에 누웠습니다

파도가 등을 떠받치고 재잘거립니다
밤새 나를 가지고 놀다가 싫증 나면
어디로 떠밀어 버릴지도 모릅니다
밀려드는 고래 떼가 나를 삼킬지도 모릅니다

달의 호흡이 깊어졌습니다
갈매기 한 마리 보이지 않는 동해의 검은 바다
고통과 슬픔은 서로 한 통속인가 봅니다

불빛을 향해 손을 흔들어 보지만
손발이 움직이지 않아요
오징어잡이 어선 한 척 스치듯 지나갑니다
먼 등대 불빛만 반짝입니다

심해 어디쯤 잠겼을까요

어둠은 어둠을 삼키고
적막이 점점 두꺼워집니다
흘깃 바다의 사타구니를 만져 본 것도 같습니다

말이 되지 못한 말들이 입속에서 바스러집니다
정신이 헐거워졌는지 심장이 덜컹거립니다
검은 파도 목울대로 달이 잠깁니다

누군가 나를 건져 올려 방안에 눕힙니다

테트라포드의 제국

제국에는 힘센 짐승들이 산다
몸통을 버린 네 개의 뿔을 가진 짐승들
해변에 터를 잡고 서로 얽혀 있다

먼 곳에서 달려온 파도가
한순간에 숨을 놓는다
거센 풍랑도 견고한 뿔에 받혀
여지없이 산산조각이다

그들의 제국은
깊이를 알 수 없는 블랙홀
발목을 노리는 짐승이 산다는데
자칫 발을 놓치면 헤어나기 힘들다는 소문
입구는 열려있고 출구는 닫혀있는 함정

지난봄 이 제국에서
낚싯대를 드리운 사내
술이 화근이었을까
놈들의 함정에 빠진 후

아직도 오리무중이다

뿔을 세운 짐승들을 향해
한 무리의 파도가 몰려오고 있다
한바탕 피비린내 흥건하겠다

노란 고백

비밀은 출구를 찾아 귀를 기울이지

옆집 담장 밑에 기대선 살구나무
해마다 열매를 실하게 달았지
허공에 몸집을 부풀린 나무는
우리 집 뒤란이 궁금했는지 월담을 했네

어린 시절
밤이 오면 하나둘
새콤한 말들이 익어갔지

밤 깊어 발자국 소리가 지나가
속내를 알아차린 심장 소리
나는 나를 들키곤 했지만
여전히 팔짱을 낀 채 눈을 감았네

밤하늘에 떠 있던 커다란 살구 한 알
어느새 우듬지에 열려서 유난히 밝았지

담장을 넘겨다 보던
옆집 사내가 빈 가지를 추궁하자
나무는 가지를 출렁거리며
노란 말을 툭툭 뱉어 가지마다 매달았네

오늘은 그 사내 안부가 궁금하네

입동 외2편

이 송 우

  까만 하늘이 파랗게 물들었습니다 해가 뜨나봐요 새벽기차에서 당신의 얼굴이 빨갛게 물들었습니다 차마 당신을 쳐다볼 수 없어서 나는 하늘을 바라봤습니다 여기 당신이 있는데 해가 떠오르고 해가 진다니요 당신이 여기에 있는데 하루가 지나는 것이 신기해요 눈을 감아도 눈을 떠도 여기 당신이 있는데 어떻게 계절이 바뀔 수 있는지 창에 비친 사내의 얼굴이 여명에 사라져갈 때까지 나는 당신이 궁금해하지 않는 질문을 반복하였습니다

매 맞는 불금의 영주

　비 내리는 밤의 선로에 어딘가로 떠나고 어딘가에 도착하는 역마가 숨을 몰아쉰다 숨 참지 마요, 당신은 깊은 밤의 빗줄기만큼 차갑다 나의 촛불이 흔들리자 당신은 흠칫 놀랐는지도 모르겠다 제가 아프게 했나요? 아니요 아니요 천천히 꺼져가며 나는 답하겠지 꺼진 불꽃이 쓰레기처럼 철로 위로 흩어진다 한 때 그것이 당신을 향해 조용히 타올랐음조차 기억되지 않기를, 내 소망을 알아챘는지 비 맞는 선로가 웅웅 울었다

취업기 · 14
- 먼 훗날

서울에 취업했다는
떨리는 목소리
기쁨과 두려움이 섞인
마지막 술자리가 길어서

내가 혹시 잠에서 깰까
살포시 쪽문을 닫았네
먼 길 떠나는 그대는

내가 혹시 잠에서 깬 걸 알까
살포시 숨을 참았네
눈 하나 끔뻑 못한 채 나는

생각하니

그대 떠나는 모습 지켜보며
숨 고르는 나를
눈치 보는 달빛처럼,
우리가 맨살로 만나던 새벽

꽉 찬 보름과
뿌옇게 차오른 입김을

기억하니

우리가 오래 연습했던 이별
상상만으로도
눈물 콧물에 웃음 터진 날들처럼,
취업하는 먼 훗날
흐려진 눈으로
그대를 찾아갈 나를

실버타운 외 2편

이 장 호

밥그릇에 꽃을 담았어요
화원을 그만두고는 진달래를 먹는답니다
하얀 옷의 사람들이 넣어 주지요
물은 마시지 않아요 희미한 핏줄을 찾아
몇 방울씩 넣어 주거든요

그는 영어를 잘하는 사람과 살아요
접시에 고기를 담는 아이들을 키우며
주말에는 은색 자동차를 닦는답니다

바다가 보이는 아파트에서 커피 마시는 걸 좋아해요
히말라야 소금을 창가에 두고 잠드는 날이 많지요
하얀 커튼을 만들어 바다로 날리기도 한답니다

오늘도 인사하네요
하얀 셔츠를 입고 붉은 씨앗을 뿌리며 주위를 맴돌다 갑니다
굽이 닳지 않는 구두는 사람을 어디로 데려가는 것일까요

지하철역도 가깝고 백화점도 근처에 있어요

녹색 소리의 간격이 일정하게 찾아와요
풀잎 같은 주파수는 끝없이 이어지겠죠

하얀색은 기억만이 기억하는 거짓말이에요
불규칙한 소리조차 가지고 있지 않아요
붉은 씨앗을 돋보이게는 하지만 곧 삼켜버릴 거예요

화원에서는 자라지 않던 꽃들이
하얀 밥을 먹고는 진달래가 되어요
밥그릇에 꽃을 담아요
넘치도록 넘치도록 담아요

검은 말을 탄 흑인의 사진

 달리는 모습을 여러 장 찍어 놓고 보니 네 개의 발이 유기적으로 움직이고 있다는 것을 이해하게 되었다 각자의 순서를 어떻게 정하였는지 궁금하지만, 가볍고 빠른 발을 먼저 뻗고 튼튼하고 중심이 좋은 발이 나중일 거라 생각하니 시선은 말의 눈으로 옮겨 간다

 붉은 색을 볼 수 없는 아이가 당근을 전해주고 말은 배가 부른지 몇 번 씹다가 멈추고는 사진만 물끄러미 쳐다본다 360도를 볼 수 있다면 무척 편리하겠지만 한곳을 집중하기 위해서 더 많은 노력이 필요할 수도 있겠다 달리는 동작으로 멈춰있는 사진은 계속 달리고 있다는 추측을 남기기도 하고 때론 뛰어가고 싶은 욕망을 느끼게 하는 것 같다

 아이는 뛰어가는 말을 보았는지 아니면 욕망을 느꼈는지 어떤 어른에게로 뛰어 간다 어떤 말을 하고 있는지 들리지는 않지만 표정을 보니 호기심과 칭찬에 관한 것으로 짐작된다 날이 어두워지는 사이, 동물원에서는 말에 대한 활동사진을 제외하고는 아무것도 보이지 않는다 어둠은 움직이는 무엇에게 숨을 수 있는 배경이 되기도한다

 아무도 남아 있지 않다고 생각하는 순간부터 흑인이 보이기 시작한다 말 위에서 웅크리고 뛰어가는 곳을 꾸준히 응시하고 있는 한 사람

그는 검은 말 위에서 말과 하나 되어 흑인이 되었으며 또는 칼라사진 이전의 사람이기에 흑인이기도 하겠다 그렇다면 검은 말도 검은 말이 아닐 수도 있지 않을까 기록은 가끔, 미래의 편견을 만들어 내기도 한다는 말도 안되는 생각을 말해 볼까 한다

광장은 떠나도 시위는 남는다

팽팽한 긴장을 떠나 허공으로 떠가는 기분은 말 그대로 허공을 날아가는 느낌이다
목적한 곳까지 도착하는 데에는 바람과 높이와 당겨진 힘들이 영향을 주겠지
어디에 떨어지는지는 모르지만 일단, 출발하고 볼 일이다

언제 퉁겨질지 모르고 잔뜩 당겨진 시위에서는 어딘론가 떠나기를 기대한다
시위에 오르기 위해 거쳤던 시간은 더 이상 기억하지 않는다
잘리고 깎이던 시간이 어느 날 나를 여기에 앉게 했으니 인고의 시간이 분노를 잉태하는 걸까

시위는 늘 불안하다 일정한 힘을 유지해야 겨우 모양을 유지할 수 있는데 시위는 본디 어떤 과녁을 목표로 하는 것이니까
중력과 사람 간의 관계를 손끝과 어깨에 골고루 배분해야 목표를 뚜렷하게 볼 수 있는 것이다 또 누군가는 내 시위의 현재를 알아주었으면 한다

군중이 되어 누가 시위를 당겼는지 알 수 없을 거라는 안도감이 있

기는 하지만 목표에 갈 수 없다는 것을 알고 있으므로 시위를 시작하면서부터 이미 불안을 안고 있는 것이다 불안은 시위의 목표에 있는 사람의 것인데 그들은 통제 가능한 시위로 일축하기도 하며 시위는 없다고 축소하기도 한다

  작아진 시위는 목표로 날아갈 힘을 잃고 기사 한 줄에도 툭 떨어져 버리고 만다
  흩어지는 시위는 광장의 한 줌 소리 되어 흔적도 없이 사라진다
  차로가 들어서고 나무가 들어서고 동상을 세우니 광장이 떠난다
  활은 산으로 떠나고 시위는 유튜브로 간다

매운바람 부는 날 외 2편

이 정 희

뼈다귀감자탕집에 간다
펄펄 끓는 솥 앞에 앉아
탑처럼 쌓인 뼈다귀를 본다
저 탑은 누군가의 손으로
정성스레 쌓아 올린 마음의 무게

뼈와 뼈가 기대어 선 모습이
우리의 관계와 닮았다
서로의 등을 맞대고
흔들리며 버텨온 시간들

불을 켜면
불합리한 세상 속 부서지듯 쌓인 걱정과 모순이
국물에 녹아들 듯
솥 안에서 사라지고 깊게 우러난다

국물이 바글바글 끓어오르면 생각나지
진국 같은 사람들
함께 울며 웃고 서로의 마음을 우려내던

그날의 대화들

뜨거운 국물을 들이키며
겉치레 없는 모습으로 뼈를 발라먹는 순간
우린 다시 한 번 서로를 이해하고
마음의 문을 열지

매운 바람 부는 세상에서도 우린
감자탕집에서
무너질 것 같은 탑을 다시 세우며
서로의 온기를 쌓아간다

혼자여도 함께여도
탑처럼 깊어지는 마음을 안고
뜨거운 국물 한 모금에 세상을 삼킨다

벚꽃터널을 걷는 터널들

벚꽃터널을 수많은 사람들과
바람에 몸을 맡긴 채 흐른다
사람들의 탄성과 함께 흩어지는 벚꽃잎
우리는 그 아래서 모두 하나가 된다
너는 묻는다
어쩌면 저리도 순백으로 피어날 수 있냐고
청초한 미소로 답례하는 벚꽃들
수천의 꽃잎이 하늘에서 춤추듯
우리의 마음도 가볍게 떠올라
끝나지 않은 자기만의 터널을 잊고 만개한
얼굴들이다
벚꽃터널과 그 속을 지나는 터널들은
탄성 속에 하나가 될 수 있을까
해가 기울고
터널을 빠져 나오면
피로에 지친 삭막한 터널들이
터덜터덜 걷고 있다
벚꽃과 이별,
그 순간이 지나고 남는 건

내 안에 허전한 마음의 터널
또 하나 생겨난다

중문 색달 바다

수심이 깊고 파도가 높은 색달 바다는
햇빛의 각도에 따라 흑색, 백색, 회색, 적색으로
변하는 긴 모래 해변을 가졌어요

파도소리도 듣는 사람에 따라 색다르다는 것을 알았어요

작은 물방울이 시냇물을 타고
장애물을 피해 도달한 바다는
무수한 색깔을 품고 있었어요

햇살이 부서질 때마다
색이 춤을 추었고
춤 사이로 수많은 얘기가 들려 왔어요

힐링하러 온,
해변을 걷는 연인들에게는
무지개빛 사랑의 멜로디를 불러 주었어요

노을빛으로 붉게 물든 바다가

암갈색으로 차분해진 시간

내 안에 자리하고 있던 색깔들이 서로 충돌하며
헤매고 있었어요

어떤 색을 찾아 갈까
묻는 내게 바다는

달을 품어 주위를
금빛으로 밝히며
멈추지 않는 파도로 답해주고 있었어요

사과가 놓인 풍경 외 2편

이 중 동

회전의자에 사과 한 개가 놓여 있다
의자를 돌리자 사과도 빙글빙글 돌아간다
원심력을 잃은 사과가 또르르 침대 위로 떨어진다
때아닌 우박으로 사과에 흠집이 나서 걱정이라는 뉴스가
TV 자막으로 흘러간다
퇴근한 아내가 사과를 째려보며 잔소리를 퍼붓는다
사과는 미동도 없이 때아닌 우박을 생각한다
벌겋게 달아오른 사과는 아내에게 사과도 받지 못한다
나는 저녁 대신 사과를 먹으려다 굶기로 한다

떨떠름한 맛이 나는 사과를 가방에 넣고 출근한다
지하철 속 사람들 틈새에 낀 사과는
어제의 푸르렀던 사과나무를 생각한다
사무실 책상에 사과를 동그랗게 올려놓는다
부장님이 다가와 사과를 쿡쿡 찔러댄다
사과에서 육즙이 찔끔 새어 나온다
나는 남들 모르게 상처를 감싸 쥐고 주머니에 넣는다

퇴근길 골목에서 사과가 툭 떨어진다

지나가던 아이가 놀라서 발로 찬다
사과가 데굴데굴 하수구로 빠지려는 순간
재빨리 주워 들고 동네 이발관으로 간다
늙은 이발사가 녹슨 면도칼로 사과를 깎는다
거울 속 홀쭉해진 사과가 오만상을 찌푸린다
풋풋했던 사과 탱글탱글했던 사과는 어디 갔나
나는 의자에 앉아 꾸벅꾸벅 졸기 시작한다
어제를 잃고 떠도는 시간들이 빙글빙글 돌아간다

떠 있는 우물

골목이 게으른 하품을 하고 있다
바람은 눈꺼풀 위에 내려앉고
졸음이 담쟁이넝쿨에 매달려 있다
아이는 돌부리에 차여 졸음을 쫓는다

끈적한 발바닥이 골목을 기웃거리는 동안
검은 고양이 어슬렁거리며 지나간다
양철지붕에 한바탕 소나기가 졸음을 때리자
질퍽해진 마당 물에 하품하던 입들이 둥둥 떠다닌다

까치발로 키를 늘려가는 저녁
유행가를 태운 자전거가 아버지를 끌며 휘청거린다
두레박을 끌어 올리면 한가득 눈물이 떠 있고
둥근 테두리에 입술을 대면 무정란들이 슬어있다

기억 속의 물 위에서 허우적거리는 아이,
푸른 하늘로 손을 뻗어 섬광을 만지작거린다

마르지 않는 가난의 땟국물이 사방으로 번진다

주렁주렁 올라오던 눈물이 낮달처럼 흩어진다

골목 모퉁이에 서서 고요를 퍼 올리던 자리
그 깊은 시간 속으로 다시 두레박을 던진다

통증의 건축일지

전기톱 소리가 요란하게 울린다
계곡 물소리는 메말랐는지 들리지 않는다
후투티가 우관羽冠을 세우고 요란스러운 걸 보면
오래 살던 집이 쓰러졌나 보다

쓰러진 거목들이 비탈로 끌려가고
비명을 실은 트럭의 엔진소리가
천년 동굴 같은 골짜기를 가득 채우고 있다
목수의 대패질 소리에 잠시 눈을 감으니
절간이 멀지 않은지 목탁 소리도 들린다

석공의 망치 소리에 계단이 올라가고
붉게 타는 노을을 배경으로
잘 다듬어진 기둥들이 주춧돌 위에 세워진다
목수와 석공의 연장 다루는 소리로 보아
이 집은 큰 기와집이 될 것이다

끌 치는 소리가 전두엽 근처에서 울린다
이마에 구멍이라도 나면 잘 지어진 집도

기억 속에서 영원히 사라질지도 모른다

아스라한 머리끝으로 들보가 올라가고
갈비뼈 닮은 서까래와 주심포도 조심스레 얹는다
마지막으로 맞배지붕에 기와를 올리니
중추신경을 오르내리던 통증이 조금 가벼워진다

부비동에 새벽이 오자 후투티도 집을 지으러 가고
달팽이관 저 너머에서 달팽이가 기어나와
처마 깊숙이 태양 하나 걸어 놓고 간다

분리수거 외 2편

이 혜 녕

딸아이 방에서 들고 나온 쓰레기통을 들여다본다
이렇게 많은 감정이
터질 듯 짓눌려 있었구나

뭉치고 얽힌 채 구석으로 내몰린 잔해들 사이로
편지 봉투가 입을 삐죽이 내민다

버려진 감정이니 열어보기로 한다

담담하게 써 내려간 청년의 진심에
다가가지 못하는 딸의 마음을
두 줄의 평행선을
물끄러미 바라본다

편지지는 재활용 할 수 있지만
진심은 분리 할 수 없겠지

오늘도 소각장에선
수많은 이야기와 처소를 알 수 없는 울음이

불 속으로 던져지겠다

연기가 되어버린 슬픔들이
소리도 없이 굴뚝 속으로 빨려들어가겠다

프리즘

선술집에 모인 세 여자
소주와 토닉워터 얼음과 레몬을
제 입맛대로 따른다

젓가락으로 콕 콕 콕 향기를 터트린다

세 가지 맛 칵테일 잔이 부딪히고
챙그랑 소리가
허공을 부챗살로 가른다

그 빛 속으로 세 가지 색 슬픔이 들어간다

먼지보다 작은 물방울 위에 올라타면
천장에 무지개가 걸린다

흑백 사진 속으로 들어가 버린 사람과
노을 속을 함께 걷고 싶은 사람을
찾아 헤매는 여자들이
붉고 푸르스름한 빛에 둘러쌓인다

여기저기 부딪는 트라이앵글 소리
여자들이 킥킥거리며 그 안으로 들어간다

배꼽

여름 내내 햇살을 배고 있던 나무의
푸른 태반 속으로 들어간다

땀과 말라가던 젖줄이 보인다

터지고 쑤글쑤글한 배 한가운데
움푹 들어간 배꼽을 본다
돌아 들어가 검은 우물을 닦는다

뱃속에서도
엄마의 등에 업혀서도 들었던
우물물 퍼내는 소리가 난다

달빛 아래 숨죽이던 발걸음
그 소리 따라 들어가

엄마

그리고 엄마의 엄마의 엄마의
마른 눈물을 이제야 만난다

걸음과 걸음 사이 외 2편

장 혜 승

 검은 벙거지로 구겨진 나이를 가린 두 사람이
 단풍산 올라가고 있다 넘어지고 접질린 걸음들이 두 사람을 부추겨 따라간다 사이는 사이를 밀어내지 않으려 애를 먹고 걸음은 걸음들이 티격태격 않으려 애를 먹는다

 생판 둘이 하나 되어 간다는 것은
 간교刊狡한 노예가 되어주는 것이 최선이라고, 어제도 그제같이 지금도 아까같이 앞서가는 걸음에 따라가는 걸음 담아보니 그럭저럭 마침맞다

 아찔한 내리막을 기어이 따라붙는 걸음들로 버딩겨 놓고
 검은 벙거지로 구겨진 사이를 가린 두 사람이 단풍의 절정을 구경하자는데 단풍들이 애마른 눈빛으로 아리송한 두 사람 사이를 구경하는 것이다

 사이를 마무리한 잎들은
 노랑 혹은 붉은 점박이 나비 되어 바람의 지시 방향으로 흩어 날고 넘어진 걸음들과 접질린 걸음들이 사이를 뭉쳐 넝마가 되어버린 두 켤레 신발을 색동 끈으로 바꿔 매주고 검은 벙거지를 벗겨준다

걸음을 멀리하면
사이조차 사라질 두 사람이 새파란 하늘 함께 쓰고 서로의 거울로 마주 보고 섰다

시위 혹은 축제

빌딩 숲으로 몰려드는 시카고 네온 불빛
광화문광장 축제 같고, 시위 같고, 폭동 같다

불춤에 휘둘린 유리창들은 색색의 목소리 맞받아 내보내며
새빨갛다 샛노랗다, 꺼져라 켜져라
홍콩의 노란 우산 같고, 미얀마 저항 시인들의 혈서 같다

도도한 트럼프 빌딩은 저들의 위상을 안간힘으로 눌러대고
미심쩍은 동굴 집단은
장차 날아다닐 자동차를 모실 벌집 빌딩이란다

촛농의 결사반대에도 요동 없는 미시간호는
자유형으로 무장한 채
지구 반대편 작은 반도로 물꼬를 튼다

사랑에 취한 샤갈이
바벨탑 같은 빌딩 꼭대기마다 십자가를 세운다
십자가는 시끄러운 불빛들을 한데 섞어
어두운 구석 멀리까지 사랑의 빛을 쏘아주고 있다

팔자가 있는 풍경

늦봄 늘어지게 쉬고 있는 등나무 꽃그늘 아래
주홍글씨로 〈 쉬어갈 자리〉를 등판에 새긴
낡은 의자 하나 쉬고 있다

너무 많은 궁둥이와 짝짜꿍한 추억들이 삐걱거려
더 이상 궁둥이를 받아줄 수 없는 낡음 위에
누가 공깃돌을 얹어놨다 의자는 공깃돌 놀이를 추억한다
굴렀다가 올랐다가 낙하하여 땀범벅이 된 공깃돌들

코끼리궁둥이 공깃돌, 오리궁둥이 공깃돌
오래 질척이다 떠난 공깃돌, 시집을 읽어주고 떠난 공깃돌
모양도 온기도 각각 달랐다

아무나 걸터앉힐 수 없는 등나무 등걸이
늙을수록 풍성한 그늘이 되어주는 등나무가
거꾸로 매달린 채 쉬고 있는 등꽃들과
귀가 어둑해진 의자가 들을 수 있는 배배 꼬인 목소리로

팔자는 8자, 바로 세워도 물구나무 세워도 8자
8자를 뉘면 무한대의 쉼이 된다

유배 외 2편

전 용 숙

섬을 넘지 않았다

감시하는 파도 여유롭다
달려들다가 물러나고
멀리서 와르르 온다
유배는 신선하다

아직 마음 묶였다
섬 안에 갇힌 자리
달아날 곳 없는데
유배는 지독하다

새벽 지키던 파도
엎드린 사이
물 사이를 걷는다
달아날 마음 없는 걸 아는
유배는 자유다

익숙해질 길 익숙해질 시야

길들이려 애쓸 일 없는
낯설기 싫은 내가
유배를 왔다

생각 섬에 가뒀다

바다와 하늘에 선이 생길 때까지

1
비 오는 날
섬은 소리가 없다
비만 두고
모두 어딘가로 들었다

새도 입을 다물고
개들도 조용하다
모두 어딘가 안에서
비를 본다
어떻게 돌아다니나
감시 중이다

소리 삼킨 비
빗소리 비껴 숨은 소리
아마도 한동안 침묵하겠지
바다와 하늘에 선이 생길 때까지

2

소리가 없는
섬 골목골목을
비가 뛰어다닌다
소리를 찾아 헤메다
바다와 만나 겨우 말한다

바다와 하늘이 닿아
선 없어지면
꾹 다문 입술이 일자로
일체의 소리를 삼킨다
섬엔 소리가 없다
비 내리면

소리를 삼킨 비
빗소리 비껴 숨은 소리
아마도 한동안 침묵하겠지
바다와 하늘에 선이 생길 때까지

빗소리

가끔 들어준다
비가 하는 말
고르지 않은 소리
멱살을 잡아 흔드는
그 소리 듣는다

안 들어주면
밤새 떠들겠다
으름장도 쾅쾅
창도 흔들고
나무도 흔들어 대며
제 말에 열심이다

그냥 들었다
등 토닥인 적 없이
함께 절절하게 운 적 없이
비의 말
오늘도 계속되는데
밤새 눈뜨고 듣는다

그냥 듣는다

나는 언제
빗소리 번역해 들을 수 있을까
저토록 번번한 울음
제대로 들을 수 있을까

마누라 외 2편

정 대 구

하루에 열두 번도 더 나와 헤어지는 여자

내 머릿속 내 가슴속 내 꿈속까지 들어와

온통 나를 다 차지하는 단 한 사람의 여자

마음에 들인 정자 한 채

물질적 무소유를 꿈꾸는 내가 유일하게 소유한 정자 한 채

마음속에 들였습니다

마누라하고 시시비비 비시시 시비비시 비비시*

뭐라 뭐라 가리고 싶지 않을 때

세상만사 이런저런 근심걱정 쌓일 때

뭉치고 맺혀 마음 답답 울컥울컥 불같이 치밀어 오르는 것이 있을 때

느긋이 정자에 올라 시원한 바람 쐬어가며

모든 시비是非 비시非是

즉시즉시 다 꺼내어 마음에 담아두지 않고 곧 날려버려

잊어버려 사통팔달 허공에 묻어버려

높은 벼랑 끝

깊은 물가

눈길 끄는 조망

풍광이 아름다운 곳에

맑은 바람 드나드는

날아갈 듯 날렵한 정자 한 채

내 마음에 들여 아무 걱정 없어 나는

　　*김삿갓의 是非詩의 변용

부부의 날에

가정의 달 5월하고도 21일은 부부의 날
두(2) 사람이 만나 하나(1) 되었다나

전생의 원수가 만나 부부가 된다는데
둘은 몇 번을 죽었다 깨어나도 하나가 될 수 없는 것

부부불이夫婦不二란 다만 둘이 아니랄 뿐이지
하나 된다는 말은 아니잖아

부부가 사랑하면서 싸우면서 우려내는
퀴퀴하고 시금털털한 맛

1년 365일이 따로 없이 만날 부부의 날이지

겨울로 건너뛰는 나무들 외2편

정 안 덕

따끔한 여름 속 나는
아차산 어울림 공원을 걷는다

아직도 성난
햇볕 쏟아지는 꽃길
맏며느리 같은 토종 맨드라미 흔적 없고
뾰족한 외래종들 빨갛게 춤춘다

시작과 끝이 짧고 짧은
가을은 이렇게 시작 되는지

갈바람 지나간 허공으로
고추잠자리 동그라미 그리고

토란잎에 찬이슬 또르르 구를 때
숨 가쁘게 울던 매미 한생을 마쳤고

윤기 잃은 초록 잎
돌돌 제 몸을 말고 후드득 떨어져 구른다

은행나무 길을 따라 사박사박 걷던 기억은
어깨를 타고 스며드는 녹슬지 않은 차가움

불평 많은 사과처럼
파랗다가 빨갛다가
훨훨 타오르다가
티밥 튀던 성깔도 이제 점점 무뎌가고

은행나무 노란 옷 차곡차곡 접어놓은 듯
나무들의 얘기소리 겨울 속으로 스며들겠지

시작과 끝이 짧고 짧은 가을은 그렇게 스쳐가는

수채화의 공식

유리창을 때리는 창가에 앉아
끼적이는데
시에 노래를 심을 수가 없어

창밖으로 거칠게 쏟아지는 빗줄기
나뭇가지들은 제멋대로 흔들리고
우산들은 비틀비틀 기우뚱기우뚱

머릿속은 빗속을 헤매는 듯
실 뭉치 같았어

눈에 차오르는 꺾인 가지들과 떠도는 종잇조각들
그리고
어지러운 잡상雜想들
서로 잇대어 모자이크가 만들어지지

칠월 장마가 오기도 전
비를 맞는 신발의 울음소리가 심장을 찌르지

나뭇가지에 걸린 바람의 색은 짙어지고

새들이 물어다 준 주문을 외다가
만다라 속 어느 지점에서 길을 잃었는지도 몰라

이럴 때면 가슴에 얹히는 건
비 갠 뒤
맑게 떠오를

초생달 너 하나
젊은 날의 슬프도록 아름다운 사랑 하나

구름 속 별들은 마지막 숨을 깜박거리는데

교차로

차갑게 내리는 고요
안개만
가득한
방

나뭇잎에
가을바람 걸려
사그락거리는 어둠 속

시계추는
찰칵찰칵 시간을 삼키고

벽에 찍힌 분노의 자국들
나를 죽여
더 나은 나를 발견할 수 있다면

내 안에
종을 울려

다시 새롭게 서 보라는 듯

벌떡이는 심장

꽃물로 밀려 온 시간들의
핑크빛 입맞춤

특별한 이유로
왜, 시작해야 할까

교차로에 서성이는
그림자 하나 햇살 넘어 가는

약속들 외 2편

최 태 랑

남산 울타리 벽에 걸린 약속들
짤즈강 마카르트다리에 녹이 슨 자물통들
숙이와 영진이
제임스와 마가렛
꼭 물고 있는 저 사랑은 지금도 유효할까
자물통만 채워두고
지느러미를 흔들며 떠난 약속들
다문 저 밤 다시 깨운 이 있을까
그 밤 달맞이꽃으로 피었다가
저버린 사랑은 어디쯤에 있을까
닫힌 저 마음들은 어디쯤에서 열릴까
할 말을 담아건 자물통들
침묵으로 붉게 녹이 슬었다
영원히 풀지 말자고
둘만 아는 약속
어느 숲속이거나
강바닥에 던져버린 기억이다

심청전

　반에서 키가 작은 애송이 아이였다 서당 접장이던 아버지는 종종 딸에게 심청전을 읽어주었다 소녀는 학교도 마치지 못하고 날품을 팔았다 나는 종종 소녀가 하는 일을 돕기도 하고 눅눅한 대화를 깔아놓고 끝말을 이어주기도 했다 한밤중 꼬막손으로 아버지 각혈을 받아 쥐고 안절부절 나를 찾던 소녀, 같이 울어주기도 하고 젖은 눈을 훔쳐 주기도 했다 소녀는 노을이 마을을 끌고 가는 어느 저녁나절에 해수병 앓던 아버지를 데리고 대처로 떠났다

　소식이 궁금했다 군에서 예편하고 늘그막에 그녀를 찾아 나섰다 바람결에 들려오던 소식 아버지 병 고치겠다고 선술집 골목을 전전하기도 하고 누군가 청량리 뒷골목에서 봤다고도 하고 또, 누구는 용산역에서 병사 모자를 벗겨 골목으로 들어가는 것을 보았다고도 했다 아버지가 죽자 양지바른 언덕바지에 뉘어놓고 부잣집 재취로 들어갔단 말도 들려왔다

　수소문 끝에 찾아간 요양원 창문가에 앉아있는 모습이 휑하고 쓸쓸했다 연신 심청전을 보며 서녘을 바라보고 있었다

전족纏足 · 2

 지금은 없어졌지만,
 중국 송나라 때부터 내려 온 이상한 문화가 있었다
 여자 아이가 태어나면 5살 크기의 발을 만들려고 가죽신발을 쪼이게
신겼다 이 작은 발을 가지려면 한 항아리 눈물을 쏟아야 했던 고통이
따랐다 몸에 비해 뒤뚱거리며 걸었던 여인의 고통을 즐기며 노리개로
삼았다 이 전통은 신해혁명 후에 없어졌다

태풍에 가로수가 넘어졌다
넘기려는 힘과 버티려는 지탱은 오래가지 못했다
나무의 발이 보이면서 끝이 났다
튜브 고무줄로 칭칭 동여맨 저 뿌리
아이의 발처럼 바동거린 여인
저 묶여진 발로 우듬지까지 물을 길어 올렸을까

문득, 아내의 작은 신발을 보다가
예닐곱 나이에 어미 손을 잡고
장산곶 너머 해주에서 내려온 소녀
평생 나에게 묶여 살아오지 않았을까

오늘따라
벗어놓고 병원 간 220미리 아내 신발
유독 작아 보인다

낮잠이 오는데 외 2편

표 규 현

현관문에 얼굴 하나 들어서네 눈만 껌벅이며 머릿속을 뒤져 보네

"정기 소독입니다."

꿈의 자물쇠가 열리네 여자와 손 잡고 긴 바닷가를 걷고 있네 여자는 새털처럼 날아 양떼를 따라가더니 어느새 너울을 타고 물 위를 걸어가네

들판을 뒤져 캐 온 나물을 고추장에 비벼 밥 먹고 있네 개울물에 첨벙이는 녀석들과 물을 뒤집어쓰고 깔깔대는 계집애들

손을 잡고 돌아다니네

여자의 발은 달랑거리고 가슴이 튀어 오르네 차창에 그림 같은 집들과 마차, 거리를 채운 의상들 광장에 입 맞추는 연인들 웃음은 비눗방울로 터지고 햇마늘 까던 손톱 흔드네

문득 얼굴을 들여다보니

여자가 소독차 연기 속으로 사라지네

"소독 끝났습니다 여기 사인해 주세요."

주머니 속에 갇힌 손을 내밀어 보네

마이크

한 곡 부르고 싶다 해서 목소리 키워주니 큰 인물 된 기분이고 가수는 아니라도 모습은 그럴듯한 관객들 박수치니 우쭐한

음치가 진지하게, 눈까지 지그시 감으시고 좌우로 몸도 흔드시고 한참 부르다 보면 물어뜯고 싶기도 한지 입김이 섞이고 침방울도 들러붙고 불쑥 솟은 거시기 같아 부담스럽고 더운지

저리 크게 외쳐대니 소문이 날지도 모르는데 단단히 부여잡고 여러 곡 독점하는 목청도 좋으신 형님은 언제 죽어 살았느냐 세상이 내 것이고 언니는 목소리 나붓나붓 사랑은 찬양하고 이별을 슬퍼하는 허파에 잔털 들여놓은 것 같아 기침이 날 것 같은 동생들 거머리 같고

제 목소리에 짐짓 감탄하여 눈은 지그시 감고 부르다가 한숨 같고 천둥 같기도, 밤늦도록 이어지는

방을 찢고 나갈 듯 지하에서 지상으로 피어나는 눈이 젖고 입술도 젖고 아래가 젖고 발바닥은 두리둥실 뜨고 오매불망하다가 지지부진한 그래서 밖으로 나서면 쏟아지는 불빛에 눈은 크게 열리고 콧노래 흥얼거리며 인파에 몸을 섞는

햇마늘 까다

속 껍질을 벗기다니

매운 몸짓의 냄새

목숨을 빼앗기는 일인데

남의 입장을 말하는 것은 가볍다

혀가 아리다 물린 적도 없는데 까인 것처럼 아리다

햇마늘이 입을 가리고 웃는다

눈에 껍질이 있을 때 그녀를 좋아했다

아이가 껍질이 벗겨져 세상에 던져질 때

어둠의 껍질이 벗겨진 것일까

울음은 혼자 가야 할 시간에 대한 명상일까

맵고 알싸한 냄새 부엌에 가득하다

[단편소설]

리엔(蓮)

임 철 균

7월 18일(목)

눈을 떴다. 무덤 속 같은 방이다. 시체처럼 잠들었던 침대에서 간신히 몸을 일으켰다. 절반 남은 술병이 침대 아래로 굴러떨어졌다. 떨어진 술병이 빈 술병들에 부딪혀 날카로운 소리를 냈다. 옆자리 더블 침대 위에 놓인 홀쭉한 배낭에서 스마트폰을 꺼냈다. 리엔의 카톡 아이디를 검색했다. 찾아낸 리엔의 아이디를 한참 들여다보았다.

-미옥이 미향이 아빠입니다. 지금 하노이에 있습니다. 우리 가족이 예전에 묵었던 그 호텔입니다. 회사 일 때문에 혼자 왔습니다. 이틀 전에 도착하여 급한 업무들 처리하고 오늘에야 연락합니다. 리엔과 차 한 잔 마시고 싶군요.

문자 전송을 마친 후 침대와 침대 사이에 있는 안전금고를 열었다. 지갑을 꺼내어 그 안에 있는 베트남 지폐를 다 꺼냈다. 지폐를 세어 네 묶음으로 나누었다. 그 중에 한 묶음을 집어 여권과 함께 지퍼가 달린 바지 주머니에 넣었다. 남은 세 묶음 지폐와 환전하지 않은 3,000불을 다시 지갑에 넣었다. 지갑을 안전금고에 넣은 후 비밀번호를 눌렀다. 0.7.2.2. 번호 하나, 하나, 하나, 하나를 꾹꾹 눌렀다.

 -안녕하세요 선생님. 깜짝 놀랐습니다. 모르는 번호인데 한국어로 카톡이 들어와서요. 참 아쉽네요. 미옥이랑 미향이 너무 보고 싶었습니다. 이번 여름방학에 이곳에 또 오고 싶다고 해서 무척 기다렸습니다….

*

 작년 이맘 때 아내 그리고 우리 딸 쌍둥이와 더불어 베트남 땅을 밟았다. 나야 회사일 때문에 출장이라고 몇 번 해외를 다녔지만 우리 가족이 해외여행을 함께 떠난 것은 처음이었다. 그래서 우리 가족 여행지로 내가 출장을 몇 번 다녀온 일본이나 대만 아니면 싱가폴을 주장했다. 하지만 결국 아내의 의견에 밀렸다. 하필 제일 더울 때, 내가 미리 한 번도 가보지 않은 낯선 나라 베트남을 간다는 것이 나로서는 영 마땅치 않았다.

 "이거 너무 당신 생각대로만 하는 거 아냐?"

 "좋잖아. 베트남이 어떤 나라야. 우리야 그런 게 뭔지 이제는 기억도 못하지만, 우리나라보다 경제적으로는 뒤처지지만, 나름 자존심 하나로 똘똘 뭉친 나라잖아. 그런데 그런 나라에 가서 TV에 맨 날 나오는 경치나 보고 오라고? 에이, 그건 베트남이라는 나라의 역사와 민족에 대한 예의가 아니죠. 그리고 무엇보다 우리 쌍둥이들에게는 첫 해외여행인데 나중에 딱히 기억에 남는 게 없겠죠? 안 그래요 서방님?"

 제 등 뒤에서 군시렁거리는 내 혼잣소리를 듣고 바로 느물느물 치받는 아내였다. 대학시절 민중가요 노래패 활동을 하며 사회과학 서적 권이나 읽고 나름 학습도 받았다는 아내였다. 그렇기 때문에 대학시절 연애할 때부터 아내와 논쟁이 벌어지면 가능한 말을 길게 잇지 않는 게 나의 습관이 되었다.

4박 5일 일정에 우리 가족 해외여행이 시작되었다.

정말 답답한 나라였다. 내가 가 본 태국과 얼추 비슷한 나라인 줄 알았는데 도대체 호텔에서 외에는 영어가 통하지 않는 나라였다. 나라 전체가 영어를 안 쓰기로 작정을 하였는지 도대체 영어 표기를 찾을 수가 없었다. 그래도 어찌어찌 대충 미리 공부해 간 베트남 기본 회화와 스마트폰 구글 지도 덕분에 호찌민 묘역을 비롯해 혁명박물관, 군사박물관, 문묘 등 하노이에 있는 관광 명소라는 곳을 찾아다녔다. 참으로 진취적이고 모험심 충만한 아내와 우리 쌍둥이였다.

하노이에 도착한 지 3일 째 되던 날.

아침 일찍 일어나 우리 쌍둥이와 하노이 세부 컬러 지도를 살펴보며 수다 떨던 아내가 오늘은 〈하노이국립대학교〉를 방문할 거라고 했다. 나는 도대체 왜 우리가 유명한 관광지 다 놓아두고 그곳을 가야하느냐고 조심스레 항변했다. 하지만 아내는 그런 나의 의견을 역시 가볍게 짓눌렀다. 우리 쌍둥이들의 첫 해외여행인 이번 여행 목적을 교육과 체험으로 정한 것 잊었느냐며 일장 연설을 시작했다. 역사 속에서 세계의 강대국들을 차례로 물리친 혁명의식이 설립한 인문사회대 중심의 하노이국립대학, 그곳이 어떤 곳인지 당신은 궁금하지 않느냐며 말이다.

가려면 아침 일찍이나 갈 것이지. 아침으로 쌀국수 먹고, 길거리 찻집에 앉아 여자 셋이서 목욕탕 의자 깔고 앉아 도대체 끝나지 않는 수다 떨다가, 간식으로 또 햄버거 같은 반미인지 뭔지 그거 하나씩 세 여자가 각각 입에 물고, 뭐 그러다 보니 정작 하루에 반나절이 훌쩍 흘러가 버렸다.

날카로운 땡볕이 벌써 절정으로 치닫는 정오 무렵, 택시를 타고 하노이국립대학에 도착했다. 그래도 명색이 베트남 최고의 국립대학인데 교문부터가 너무 왜소했다. 대학 강의실 건물들이 대부분 4층을 넘지 않았다. 그나마 어떤 건물들은 건물 외벽 페인트칠이 덕지덕지 벗겨진 참으로 을씨년스러운 모습이었다. 학교가 그리 넓지 않아 대충 둘러보고 건물 안으로 들어가 강의실까지 구경했다. 역시나 건물 내부도 외부만큼 을씨년스러운 풍경이었다. 낡은 나무 책상과 의자들에 우리나라 7·80년대 대학 강의실 모습이었다. 특히 내가 놀란 것은 학생들의 기숙사였다. 명색이 베트남 최고의 국립대학, 우리나라로 말하자면 〈서울대학교〉이거늘 시설이 너무 열악했다. 페인트칠이 군데군데 벗겨진, 금방이라도 무너질 듯한 5층 건물이었다. 그런 건물 베란다와 창문에 학생들의 빨래들과 베트남 빨간 국기가 온통 휘날리고 있는 앙상블한 풍경이었다.

"역시 혁명은 배가 좀 고파야 하나 봐."

아내가 나를 쳐다보며 뜬금없는 말을 던졌다.

내내 걸어 아픈 다리를 일단 쉬어야겠기에 여기저기를 두리번거리며 쉴만한 대학구내 카페를 찾고 있었다.

"혹시, 한국사람입니까?"

우리 가족을 지나치던 오토바이 소리가 앞에서 멈추는가 싶더니 느닷없이 우리말이 들렸다. 바라보니 우리 쌍둥이의 귀밑이나 움직한 키에 마른 체구의 여학생이 작은 50cc 오토바이를 탄 채 검은색 뿔테 안경을 손끝으로 치켜올리고 있었다.

"네. 한국에서 왔습니다."

이제 갓 스무 살 남짓해 보이는 여학생에게 아내가 이내 말을 받아치며 고개를 갸우뚱했다.

"지나가는데 한국어로 대화를 하기에 물어보았습니다. 저는 이 대학교에 한국어학과 학생입니다. 어디를 찾으려고 오셨습니까?"

약간 느리기는 했지만 나름 또박또박한 발음으로 한국어를 구사하는 여학생이었다.

"아, 어쩐지. 반갑습니다. 우리는 한국에서 온 관광객입니다. 어디를 찾으려는 것이 아닙니다. 지금 쉴 곳을, 그러니까, 학생식당이나 쉼터, 그러니까, 카페를 찾고 있습니다."

아내가 그 여학생이 알아듣기 쉽도록 평소와 달리 약간 느린 말투로 또박또박 말했다.

"학생식당은 지금 방학이라 문을 열지 않습니다. 그 대신에 카페가 저쪽 건물 뒤에 있습니다. 제가 안내해 드릴까요?"

"그래요? 고맙습니다."

아내의 말을 들은 여학생이 미소를 지으며 오토바이 시동을 걸더니 아주 느린 속도로 우리 가족을 대학 구내 카페가 있는 곳으로 인도했다.

"근데, 저 여학생 말이야. 진짜 여기 학교 학생 맞을까? 베트남 여행 사이트에서 보니까 대학생을 빙자해 관광객들에게 접근해 사기를…."

소곤소곤 아내의 귓가에 대고 말하는 나의 말이 채 끝나기도 전에 아내의 팔꿈치가 내 옆구리를 강타했다.

"고마워요. 처음에 깜짝 놀랐어요. 베트남 사람에게 이렇게 능숙한 한국어를 듣게 될 줄 정말 생각도 못했거든요."

자신의 한국어 실력을 아내가 칭찬해주자 여학생이 얼굴을 살짝 붉히며 수줍게 웃었다.

내가 영어로 슬쩍 말을 걸어보았다. 그러자 제법 원어민 발음을 구사하며 바로 응답하는 여학생이었다.

굳이 영어로 말을 거는 내 옆구리를 아내가 또 쿡! 찔렀다. 그만 검증하라는 표시였다.

우리를 카페에 안내해 주고 가려는 여학생을 아내가 굳이 잡았다. 길 안내를 해주어 고맙다면서 바쁘지 않으면 냉커피 한 잔 대접해 주고 싶다고 말했다. 그런데 그 여학생 또한 굳이 가던 길을 계속 가려하지 않고 못 이기는 척 슬며시 우리들 곁에 앉았다. 그리고 아내가 인사를 시켜 준 우리 쌍둥이들과 인사를 나누더니, 이내 여자들 넷이서 조잘거리기 시작했다. 그렇지 않아도 그 여학생을 처음 본 순간부터 제 어미를 닮아 호기심 어린 눈빛을 보이던 우리 쌍둥이들과 마치 오래 알아 온 옆집 언니 동생들처럼 그렇게.

"한국어학과 3학년입니다. 하지만 이렇게 한국 원어민들과 실제로 대화를 할 기회가 그렇게 많지 않습니다. 그런데 우리 대학교 안에서 한국 사람을 보니 반가워서…제 이름은 베트남어로 'Vu Ngoc Lien' 이렇게 쓰며 한국 발음으로 '부 넉 리엔' 이라고 읽으면 됩니다. 아, 한자어로는 '武玉蓮' 이라고 씁니다."

여학생이 자신의 이름을 테이블 위에 놓여있던 계산서 뒷면에 또박또박 적었다.

"어머, 3학년인데도 정말 앳돼 보인다. 아, 우리 쌍둥이 중에 첫째 이름이 미옥이에요. 같은 구슬 옥자를 쓰네요. 여기 둘째 이름은 미향이고요."

"선생님은 제가 어떻게 부릅니까?"

여학생이 뜬금없이 아내에게 선생님이라 부르며 갑자기 이름을 물었다.

"선생님? 나 선생님 아닌데."
"그러면, 아줌마? 아주머니?"
눈을 동그랗게 뜬 아내에게 역시 눈을 동그랗게 뜨고 진지한 표정으로 말하는 여학생이었다. 순간 옆에서 지켜보던 우리 쌍둥이들이 동시에 큭큭거리며 터지는 웃음을 참았다.
"호칭? 아줌마 아주머니가 틀린 호칭은 아니지만 그냥 한국식으로 불러주면 좋겠어요. 미옥이 어머니 또는 미향이 어머니. 이렇게요. 그리고 여기 나의 남편은 리엔보다 나이도 훨씬 많고 가르쳐 줄 인생 경험도 많은 사람이니 선생님이라고 불러도 좋습니다. 아, 리엔에게 부탁을 좀 하고 싶어요. 우리 가족이 2일 후에 한국으로 돌아갑니다. 그래서, 어려운 부탁인줄 알지만 하노이 안내를 해 줄 수 있나요? 많지는 않지만 가이드 비용을 드리겠습니다."
"그래요 리엔 언니. 부탁해요."
아내와 우리 쌍둥이의 타고 난 붙임성과 넉살이 아주 하늘을 찌르고 있었다.
"네. 그렇게 하겠습니다. 그런데 가이드 비용은 받지 않겠습니다. 지금은 방학이기 때문에 개인 시간이 많습니다. 또 한국어학과 학생으로서 한국 사람과 다양한 대화를 실제로 할 수 있는 기회이기 때문에 저에게 큰 도움이 됩니다."
여학생이 우리에게 어디를 가 보았냐고 물어보았다. 아내가 그 동안 우리 가족이 들린 곳을 말해주며 앞으로 가고 싶은 곳을 말했다. 호엔끼엠 호수 주변에 동쑤언 야시장을 들렸는데 너무 관광객들 위주여서 가능하면 현지인들이 이용하는 재래시장을 보고 싶다고 말했다. 또 외국인들은 잘 모르지만 하노이 사람들에게 유명한 곳이 있으면 그런 곳을 가보고 싶다고 말했다. 베트남에 대중적인 여러 음식들을 먹어보고 싶은데 메뉴도 모르고 시키는 방법을 몰라서 같은 음식만 3일째 먹고 있다고 말했다. 아내의 마지막 말을 들은 여학생이 매우 안타까운 표정을 지었다.

아내와 이런저런 이야기를 더 주고받던 여학생이 우리 가족을 안내하여 버스 정류장으로 갔다. 베트남에 버스 노선을 알 수도 없을뿐더러 의사소통이 힘들기에 택시로만 이동했던 우리 가족이었다. 아내가 여학생에게 버스를 타 보고 싶다고 말했고 쌍둥이들 또한 그러고 싶다고 눈망울을 초롱초롱 떴다. 처음으로 타 본 버스 안에서 우리 가족은 어쩔 수 없는 외국인들이었다. 한국에서는 이제 사라진 버스 여자 차장이 차비를 받으러 우리에게 다가왔으나 선뜻 말을 걸지 못하고 머뭇거렸다. 아내에게 받은 돈으로 여학생이 차비를 계산했다. 아내와 나야 그래도 어릴 적에 보았던 것들이지만 쌍둥이들로서는 처음 본 버스 차장과 종이 버스표였다. 버스 앞 쪽에 빈 좌석이 있어 옹기종기 앉았다. 승객이 그리 많지 않은 버스 안에서 베트남 사람들의 시선을 온몸에 받으며 한참을 달렸다.

롱비엔 버스환승 터미널에서 내려 롱비엔 기차역 쪽으로 여학생이 우리를 안내했다. 우리가 밤에 들렀던 동쑤언 야시장(Dong Xuan Market)과 이름이 같은 동쑤언 (Dong Xuan)시장이었다. 우리가 들린 곳은 주말에만 열리는 관광객들을 위한 시장임에 반해 이곳은 상설시장이며 실생활용품들을 파는 곳이라고 했다. 막상 시장 건물 안으로 들어가려니 선뜻 내키지가 않았다. 시장 건물들이 너무 낡고 음침한 것도 있지만 혹시라도 무슨 일을 당하면 어떡하나 하는 생각에서였다. 하지만 아내와 우리 쌍둥이가 여학생을 따라 성큼성큼 들어가기에 할 수 없이 나도 맨 뒤에서 마지못해 따라갔다. 막상 시장 안으로 들어가니 정말 없는 게 없이 다 있는 시장이었다. 여학생을 따라 시장 건물

안을 도는데 그 넓이가 한국의 남대문 시장보다 더 넓은 것 같았다. 정말이지 바늘에서 탱크까지 팔겠다 싶은 그런 온갖 잡다한 품목들이 구비되어 있는 시장이었다. 그런데 외국인들이 보이지 않았다. 외국인이라고는 우리 밖에 없는 듯 했다. 상인들이 우리 가족에게서 신기하다는 듯 눈을 떼지 않았다. 말 그대로 베트남 사람들, 그 중에서도 서민들이 주로 이용하는 전형적인 재래시장이었다. 한편으로 이제는 사라진 우리나라 과거의 투박하고 소박한 시장 모습이 그대로 재현되어 있었다. 아내는 베트남 전통문양에 식탁보를 샀고 우리 쌍둥이는 베트남 풍경이 그려진 부채를 각각 하나씩 샀다. 우리 가족만 갔으면 3일 내내 그랬듯 흥정은 커녕 말도 붙이지 못했을 터였다. 하지만 여학생과 함께 갔기에 상인과 제법 흥정도 하여 부른 가격보다 훨씬 싼 가격으로 식탁보와 부채를 사는 재미를 맛보았다.

 동쑤언 시장 구경을 마치고 바로 곁에 있는 롱비엔 기차역으로 갔다. 우리나라에 조그만 시골 간이역 같은 분위기였다. 기차역 대합실을 보여주고 난 여학생이 우리 가족을 이끌고 철교 쪽으로 갔다. 우리들 앞에 온통 붉게 녹슬고 허름한, 그러나 웅장한 크기와 길이에 철교가 있었다. 롱비엔 철교라고 했다. 철교를 건너기 전에 여학생이 말했다. 이 철교 끝까지 갈 건데 길이가 약 2.5km라고 했다. 연인들의 데이트 코스이자 하노이의 명물이기에 우리 가족에게 꼭 보여주고 싶다고 말했다. 대신에 조금 무서울 것이라고 말했다. 가다가 무서우면 중간에 반대편 길로 돌아올 수 있는 길이 있다고 말하며 웃었다. 만약에 다리를 끝까지 걸어 건너게 되면 그곳에 맛있는 식당이 있다고 했다. 돌아올 때는 택시를 타고 새로 건설한 다른 다리를 건널 것이라고 했다. 도대체 무슨 말인지 몰라 궁금해 하며 여학생의 뒤를 따라 우리 가족이 철교를 걷기 시작했다.

도대체 정신이 없었다. 엄청난 규모의 크기에 길고 긴 철교 가운데로 기차가 다니고 그 양쪽 약 3m 폭의 도로에 자동차와 오토바이들이 꼬리에 꼬리를 물고 소음을 내며 다니고 있었다. 다리의 맨 가장자리에 두 사람이 겨우 나란히 걸을 수 있는 약 60cm 폭에 직사각형 석판이 연결된 보도가 있었다. 세상에! 리엔이 조금 무서울 것이라고 말한 의미가 무엇인지 이내 알 수 있었다. 우리가 걷고 있는 보도에 직사각형 석판들이 군데군데 깨져서 아래가 훤히 내려다보이는 것이었다. 게다가 밟으니 어떤 석판은 덜컹! 소리를 내며 한쪽이 들썩 올라오는 것이었다. 그래도 어쨌든 꾹 참고 맨 뒤에서 가는 데 점점 간간히 깨진 틈으로 보이는 저 아래에 땅바닥이 멀리 보이기 시작했다. 여학생이 차도 쪽에 시시 아내와 맨 앞에 나란히 긷고 쌍둥이가 그 뒤를 바짝 따랐다. 뒤에서 보니 미옥이는 원래 성격대로 차도 쪽을 걸으면서도 딱히 티를 내지 않고 걷는데 소심한 성격의 미향이가 난간을 잡고 걸으면서도 불안해했다. 아내를 불렀다. 아무래도 우리 쌍둥이들이 너무 무서워하는 것 같으니 그만 돌아가자고 했다. 내 말을 들은 여학생이 그러자고 했다. 그런데 아내가 우리 쌍둥이와 이야기를 나누더니 끝까지 가겠다고 하는 것이었다. 겨우 내 가슴 높이 밖에 안되는 난간을 잡고 불안스럽게 가던 미향이 마저도 끝까지 가 보고 싶다고 하는 것이었다. 방법이 없었다. 황소고집인 우리 집 여자들이 결정했으니 끝까지 가는 수밖에. 아내와 나란히 걸으며 여학생이 우리 쌍둥이에게 롱비엔 철교를 설명했다. 철교 아래로 흐르는 강이 홍강(紅江)이며 하노이를 안고 흐르는 서울의 한강 같은 강이라고 했다. 철교는 프랑스가 베트남을 점령했던 시기에 에펠탑을 세운 사람이 건설하였으며 베트남전 때 미군이 낮이면 수없이 폭탄을 퍼 부었음에도 밤이면 다시 베트남 사람들이 철교를 복구하여 끝내 폭파시키지 못한 베트남의 자존심이라고 했다. 하지만 나는 온통 붉게 녹슨 철교가 금방이라도 무너져 내릴 것만 같아 그저 내내 조마조마하기만 했다. 그래도 어찌어찌 참고 가는데 바나나 농장이 철교 아래에 넓게 펼쳐져 있었다. 군데군데 농가들이 있고 집집마다 커다란 개들이 눈에 띠었다. 농가들 주변 텃밭에 여러 종류의 채소들을 심어놓았다. 여학생이 다리 위에 띄엄띄엄 있는 노점상들을 가리키며 바나나와 채소들과 생선들이 모두 이곳 홍강 주변에서 수확하고 잡은 것들이라고 설명했다. 저녁에 노점상들이 장사를 마치고 남은 것들의 일부를 강물에 던지는데 그것은 홍강의 여신에게 바치는 제물이라고 했다. 바나나 농장을 지나 철교의 절반쯤에 다다르자 한강보다 훨씬 폭이 넓은 홍강이 눈앞에 펼쳐졌다. 강의 넓이와 누렇기도 하고 한편 붉게도 보이는 강물을 바라보자 정말이지 건널 엄두가 나지 않았다. 다리 중간에서 철교 아래로 내려가 반대편으로 건너가는 길을 보았기에 이제 그만 돌아가자 했다. 하지만 차라리 쇠귀에 경을 읽는 게 나았다. 이미 다리를 건너기로 작심한 아내였고 더불어 이제 조금 적응이 되었다면서 소심한 우리 미향이까지 덩달아 다리 끝까지 건너보고 싶다며 호기를 부렸다. 전생에 내가 무슨 죄를 졌길래 이런 고행을 하는지 속으로 중얼대며 맨 뒤에서 따라가는 가는 데 그런 나를 돌아보며 아내가 실실 웃었다.

"얘들아, 비밀 하나 알려줄까? 너희들 아빠가 고소공포증 살짝 있는 거 몰랐지? 어지간하면 말 안하려고 했는데 너네 아빠 지금 표정이 너무 웃겨서 말이야."

아내의 실없는 소리에 우리 쌍둥이가 나를 돌아보며 킥킥댔다. 여학생도 내 표정을 보더니 그러면 지금이라도 돌아가자고 하였다.

"이 사람이 근데. 그 거 언제적 얘기인데 지금 그런 말을 해. 괜찮아! 가! 가자고!"

아내의 말에 악이 받쳤다. 죽든 살든 다리를 건너기로 작심했다. 그런데 도대체 베트남 사람들은 안전이라는 개념이라는 게 있는 지 의심스러웠다. 도로에서 무단 횡단이 오히려 국민적 에티켓이요 이렇게 위험한 다리에 겨우 가슴 높이 밖에 안되는 부실한 철제 난간이라니. 게다가 덜컹거리는 석판에 군데군데 깨진 구멍들이 있는데도 이런 다리에 사람들을 통행시킨다는 게 정말이지 경이로울 따름이었다. 이렇게 위험한 구조의 다리이니 사고나 혹은 자살하는 사람도 많겠다고 했더니 여학생이 웃었다. 그러면서 오히려 나에게 되물었다. 왜요? 한국에는 다리에서 자살하는 사람이 많나요? 할 말이 없었다. 여학생의 반문을 들으며 도대체 어떤 것은 대화가 되지 않는다는 것을 느꼈다.
　내 평생에 가장 길고 긴 다리를 마침내 다 건넜다. 나시 이 다리를 건너느니 차라리 빠져 죽는 게 낫겠다는 생각까지 할 정도였다. 다리를 다 건넜는데도 심장과 다리가 여전히 후들후들 떨렸다. 아스팔트 길을 걷는데도 여전히 발밑에 석판이 흔들리며 석판 사이로 붉은 강물이 혀를 날름거리며 흐르는 것 같아 온 몸에서 식은땀이 났다.
　롱비엔 철교를 건너 입구에서 약간 떨어진 곳에 있는 작고 허름한 식당에 앉았다. 아내의 부탁에 따라 여학생이 베트남 전통 요리를 하는 대중식당으로 우리 가족을 데려간 것이다. 현지인 몇 명이 식당에 앉아 있다가 우리를 힐끗힐끗 보았다. 롱비엔 철교를 끝까지 건너온 외국인들이 그들 눈에는 신기한 듯하였다. 메뉴판도 없는 곳이어서 여학생이 식당의 음식들을 하나 하나 말로 설명해 주었다. 여학생의 설명을 듣고 아내와 쌍둥이가 각각 음식을 주문했다. 하지만 이미 나는 며칠 동안 베트남 특유의 이상한 야채 향내에 질릴 대로 질린 상태였다. 그런 나에게 여학생이 메뉴 하나를 추천하더니 주인 여자에게 무언가 한참 설명하였다. 주인 여자가 고개를 끄덕이며 웃더니 주방으로 들어갔다. 얼마 후 음식들이 나왔다. 여학생이 아내에게 내 입맛을 물어 특별히 주문한, 내 앞에 놓인 음식을 먹어보았다. 첫 입맛이 생각보다 썩 나쁘지 않았다. 여학생이 작은 종지에 간장을 붓더니 거기에 잘게 썰어진 매운 고추를 넣어 내 앞에 놓고 닭고기를 먹을 때 찍어 먹어보라 해서 그대로 해 보았다. 닭고기의 비린 맛이 확연히 사라졌다. 내가 웃으며 맛있다고 엄지손가락을 추켜세우자 여학생이 눈초리를 가늘게 치뜨며 웃었다.

식사를 마치고 베트남 특유의 길거리 찻집에 앉았다. 베트남에 보편적 문화인 플라스틱 목욕탕 의자들을 무리 지어놓은 찻집에 여학생과 우리 가족이 동그랗게 쭈그리고 앉아 차를 마셨다. 베트남 사람들뿐인 곳에서 차 한 잔을 마시며 앉아 있다 보니 며칠 만에 비로소 베트남에 왔구나 하는 생각이 들었다. 미옥이와 미향이가 여학생과 카톡을 교환했다. 그러더니 서로의 스마트폰 속에 있는 사진들을 들여다보며 깔깔대며 끝이 나지 않을 수다를 이어나갔다.

헤어질 무렵, 아내가 주는 가이드 비용을 끝내 사양하고, 오히려 감사하다며 우리에게 고개를 꾸벅 숙여 인사하고 헤어진 여학생이었다.

다음날, 우리 가족 여행의 추억들…그 마지막 시간까지 함께해 준 리엔이었다. 공항까지 배웅을 나와 준 리엔이었다. 서로 잡은 손들 차마 놓지 못하고 끝내 울음을 터트린 우리 쌍둥이와 리엔이었다.

7월 19일(금)
"건설회사에 근무한다고 했는데 잊어버리셨구나? 우리 회사에서 올해 연말쯤 하노이 신시가지에 건물 하나를 지을 예정인데 그것 때문에 며칠 출장 온 거랍니다."
"그러셨군요."

한국음식전문식당에서 아르바이트를 한다는 리엔의 시간에 맞추어 하노이 구시가지에 있는 호엔끼엠 호수 주변 커피숍에서 늦은 시간에 만남을 약속했다. 쌍둥이들이 가끔 보여주던 사진과 달리 실제 모습은 어떨까 궁금했다. 약속 시간 10여 분 전, 하얀색 운동화에 하얀색 면바지 그리고 상체에 꼭 달라붙은 하늘색 얇은 반팔 티셔츠를 입은 리엔이 커피숍 문을 밀고 들어섰다. 일 년 전 보았을 때 쓰고 있던 검은색 커다란 뿔테 안경이 작고 동그란 금속테 안경으로 바뀌어있었다. 대학 졸업반이어서인지 외모도 부쩍 성숙함이 느껴지고 지적인 분위기까지 풍기는 것이 참 곱고 예쁘다는 생각을 했다.

커피숍에서 나와 현지인과 외국인 관광객이 뒤섞여 북적이는 동수억 야시장을 한 바퀴 돌았다. 나야 딱히 살 것이 없었나. 리엔에게 무언가 사 주고 싶은 데 마땅히 눈에 들어오는 것이 없었다. 호엔끼엠 호수 주변 분수대에서 출발하여 동수억 야시장 끝자락까지 갔다 다시 돌아오는 길에 모자를 파는 노점이 보였다. 하얀색의 자잘한 큐빅이 물결 모양으로 돌아가며 박혀있는 귀여운 야구모자가 눈에 띠었다. 긴 생머리의 리엔에게 잘 어울릴 것 같아 집어 들어 리엔의 머리에 씌워보았다. 얼떨결에 모자를 쓴 리엔에게 손거울을 들어 자신의 모습을 비춰주자 거울 속에서 수줍게 웃었다. 리엔에게 두 살 터울의 여동생이 있는 것을 알기에 비슷한 디자인으로 된 모자를 하나 더 집어 들었다.

"안 사 주셔도 되는데 선물로 주시니 잘 받겠습니다. 감사합니다."

한국어 공부를 많이 하였는지 대화 표현이 일 년 전에 비해 훨씬 능숙하고 자연스러웠다.

야시장 입구 노점에서 사탕수수 줄기를 즉석에서 갈아 비닐 봉투에 넣어 파는 주스 두 잔을 샀다.

"여전히 달콤하군."

"네?"

"작년에 여행왔을 때 아내와 우리 쌍둥이가 이 사탕수수 주스를 툭 하면 사 먹었거든. 나는 처음에 솔직히 별로였어. 그런데 몇 번 따라서 먹다보니 의외로 맛이 괜찮더라고."

작년에 우리 쌍둥이들이 그랬듯 쪽쪽 소리를 내며 빨대를 빠는 나를 바라보며 리엔이 웃었다.

7월 20일(토)

전통도자기를 만드는 민속마을 밧짱(Bat Trang)이 자신의 고향이라며 리엔이 나를 안내했다. 하노이에서 시내버스로 1시간여 거리에 있는 곳이었다. 베트남의 흔한 풍경인 논두렁 도로를 한참 가다 밧짱에서 내렸다. 도자기 마을답게 도자기 상점들이 줄지어 있었다. 리엔과 이런저런 이야기를 나누며 걷다보니 단아한 정원이 있는 주택이 보였다. 밧짱에 도착하면서 전화를 하여서인지 우리 쌍둥이가 사진으로 보여주었던 리엔의 부모님 모습이 보였다. 리엔의 나이 먹은 모습이 보이는 어머니와 키는 나보다 작지만 구리빛 피부에 단단한 체격의 아버지가 대문 앞에서 우리를 기다리고 있었다. 리엔의 아버지와 악수를 나누고 리엔이 중간에 통역을 해주어 이런저런 이야기를 나누는데 나보다 나이가 몇 살 많은 사람이었다. 선친 대까지 대대로 도자기 제조업에 종사하는 장인 집안이었지만 이제 자신은 도자기 유통업에 종사하고 있다고 했다. 순수하게 손으로 만든 도자기가 아닌 기계를 사용한 도자기들과 중국산 수입 도자기들 때문이라고 했다. 작은 키에 마른 몸매인 리엔과 달리 키가 좀 크고 통통한 몸집인 리엔의 여동생이 나에게 살갑게 인사를 하고 부엌에 들어가 어머니의 음식차림을 도왔다.

"선생님, 저의 친할아버지입니다."

아버지와 나의 대화 통역 때문에 부엌에 들어가지 못하는 리엔이 거실 벽에 걸려있는 흑백 사진 속의 노인을 나에게 설명했다. 베트남 전통모자인 대나무 논을 쓰고 깡마른 몸매에 턱 아래 수염을 기른, 온화하면서도 강단 있어 보이는 인상의 흑백 사진 속에 노인이었다.

"호치민 주석 닮았구나."

그랬다. 하노이 곳곳에 흔하게 걸려있고 또 베트남의 모든 화폐에 그려져 있는 호치민 주석을 닮은 노인이었다. 리엔이 나의 말을 아버지에게 베트남어로 전달했다. 리엔 아버지의 얼굴에 미소가 떠오르면서 말없이 나에게 약간 고개를 숙여 예를 갖추었다.

"도자기 장인이지만 베트남 전쟁 때 젖먹이 어린 나와 어머니를 두고 총을 잡으셨던 분입니다."

내게 말을 하는 리엔 아버지의 표정에 자부심이 배어있었다.

그 동안 내가 먹었던 음식들과 비슷하면서도 다른 베트남 음식들이 커다란 식탁에 한가득 차려졌다. 음식마다에 리엔 어머니의 깊고 따스한 정성이 담겨져 있음이 느껴졌다.

"한국은 어떤가요? 여기보다 시원하다는데 정말 그런가요? 한국 가수들하고 드라마 좋아합니다. 한국은 남자 가수들이 너무 잘생기고 멋있습니다."

한껏 호기심 어린 눈빛으로 나를 내내 쳐다보는 리엔의 여동생이었다. 리엔과 같은 하노이국립대학교에서 사회학을 전공하는 베트남 최고의 엘리트였다. 제법 능숙한 영어를 구사하며 내게 계속 대화를 걸어왔다. 그러자 리엔이 입술을 일자로 굳히며 제 여동생을 살짝 째려보았다.

"그래요. 여기보다는 아무래도 한국이 조금 시원합니다. 또 한국 가수들과 한국 드라마가 베트남에서 이렇게 인기가 있는 줄 몰랐어요."

제 동생에게 살짝 눈을 흘기는 리엔에게 고개를 흔들어 만류하며 동생이 궁금해 하는 것들에 차근차근 답을 해 주었다.

"어릴 때부터 언니와 저는 한국을 참 좋아했습니다. 언니의 꿈이 한국과 베트남을 연결하는 분야에서 일을 하는 것인데 저도 졸업하면 언니와 같은 계획을 가지고 있습니다. 졸업하면 한국에 가려고 돈도 모으고 한국에서 인턴자리도 알아보고 있는 언니가 부럽습니다. 공부도 열심히 하면서, 한국 사람과 이렇게 직접적인 교류도 하면서, 또 현재 학교 앞에 있는 한국식당에서 아르바이트 하면서 날마다 한국 사람들과 대화도 자주 나누니까요. 물론 그 중에는 나쁜 한국 사람도 있지만."

순간, 리엔이 눈을 싸늘하게 뜨고 표정을 굳힌 채 동생을 바라보며 고개를 가로저었다. 그런 리엔의 모습을 본 동생의 얼굴에 당황함이 스쳐갔다. 리엔의 부모는 무슨 말인지 몰라 그저 미소만 짓고 있었다. 한국어와 영어로 외국인과 능숙한 대화를 나누는 큰 딸과 작은 딸이 몹시 대견한 표정이었다.

"부족한 우리 딸을 선생님께서 예뻐해 주니 참으로 고맙습니다."

"아닙니다. 따님의 심성이 참 바릅니다. 리엔은, 이 나라의 훌륭한 사람이 될 것입니다."

식사를 마치고 리엔의 가족과 차 한 잔을 나누며 이런저런 이야기를 했다. 리엔이 우리가족에 대해서 이야기를 많이 했는지 리엔의 어머니도 미옥이와 미향이를 잘 알고 있었다. 차를 마시고 그만 일어나려는데 느닷없이 리엔의 아버지가 도자기에 담긴 술병을 가져와 얼떨결에 대작을 하게 되었다. 우리네와 달리 이런저런 안주를 차려 놓고 마시는 술 문화가 아닌지라 이내 술기운이 올라오는 제법 도수가 높은 술이었다. 그런데 리엔의 눈치를 보니 아무래도 하룻밤 나를 자기네 집에서 묵어가게 하려는 것 같아 시계를 쳐다보며 리엔의 아버지에게 그만 일어서겠다는 의사를 정중히 밝혔다.

"하룻밤 저희 집에서 묵으시고 내일 아침에 저와 함께 하노이로 가셨으면 했는데."

"아니야. 아무래도 불편해서 그래. 리엔의 마음 충분히 알아. 진심으로 고마워. 대신 다음에 우리 가족과 다시 오면 리엔의 집에서 하룻밤 꼭 묵고 가도록 할게."

서운한 표정을 짓는 리엔의 어깨를 가볍게 두드려주었다. 아쉬운 표정을 짓는 리엔의 부모에 따스한 가족의 모습과 정을 느껴 이것만으로도 충분히 고맙다고 말했다.

"안녕히 가십시오. 베트남에 오시면 꼭 다시 들려주십시오."

"오늘 참으로 즐거웠습니다. 다음에 들리면 밤새워 술잔 나누며 이야기하고 싶습니다."

리엔이 전화로 택시를 불렀고 얼마 후 택시가 집 앞에 도착하여 경적을 울렸다. 리엔의 아버지와 악수를 나누고 손을 흔드는 가족들의 배웅을 받으며 돌아섰다. 문득 가슴이 미어졌다.

7월 21일(일)

롱비엔 철교 입구에 자갈 깔린 마당이 있는 목조건물 카페가 있어 그곳에 자리를 잡았다. 리엔에게 연락하여 내가 있는 위치를 알려주었다. 커다란 유리창 너머로 롱비엔 철교의 길게 이어진 불빛이 보였다. 철교 불빛을 받은 강물이 울렁울렁 물결치며 흐르고 있었다. 외국인 혼자 앉아 멍하니 창밖을 바라보는 내 모습이 이상한지 차를 가져다

준 여자가 가끔 나를 흘끗거렸다. 자갈 헤치는 소리가 들려 입구를 바라보니 택시 한 대가 마당에 들어섰다. 리엔이 내렸다. 아르바이트 정리하는데 시간이 걸려 늦었다며 미안해했다. 내일 떠나는데 그 전에 리엔과 차 한 잔 마시고 싶어서 불렀다고 하니 감사하다며 고개를 꾸벅 숙였다.

"선생님, 저는 잘 이해가 되지 않습니다."

"뭐가?"

이런 저런 이야기를 나누던 중에 리엔이 나에게 조심스레 말을 건넸다.

"한국이 후진국도 아닌데 왜 그렇게 전염병이 자꾸 퍼지는지 말입니다."

"…"

"한국에 지금 또 신종 전염병이 한참 퍼지고 있지 않습니까."

"그러게 말이야."

"제가 자주 보는 베트남 방송에 '아시아 소식'이라는 뉴스 프로그램이 있습니다. 그 프로그램에 한국 소식을 전하는 코너가 있는데 얼마 전 참 안타까운 소식을 보았습니다."

"어떤 소식?"

"10대 여자 쌍둥이 중에 한 명이 아픈 친구집에 문병 갔다가 전염병에 감염되어 나머지 한 명도 전염이 되었다는 뉴스를 보았습니다. 그런데 단순한 감기로 알고 병원에 늦게 가서 엄마까지 감염이 되었다는."

"그래? 그런 일이 있었구나. 요 근래 내가 일이 너무 바빠 뉴스를 잘 못 봐서. 전염병 때문에 사람들이 많이 죽어가고 있다는 것은 아는데 그런 자세한 상황은 나도 잘 모르겠어. 그나저나 그러면, 그 집에 아빠는?"

"그 집에 아빠는 일 때문에 해외에 있어서 감염되지 않았다고 뉴스에 나왔습니다."

"그래?"

"그리고 얼마 후에 그 여자 쌍둥이와 엄마가 같은 병원 중환자실에서 치료를 받다 상태가 악화되어 차례로 모두 죽었다는 뉴스를 보았습니다."

"음…."

"그런데 왜 한국정부는 감염자들의 이름을 말해주지 않고 그 쌍둥이와 엄마를 34번, 35번, 36번 이렇게 번호로 말하는지 모르겠습니다."

"…."

"아, 미옥이하고 미향이는 잘 지내고 있죠? 가끔 저와 연락을 주고받는 데 요즘은 저에게 연락을 하지 않습니다."

"그럼, 우리 미옥이랑 미향이야 아주 씩씩하게 잘 지내고 있지. 요즘 리엔에게 연락 안하는 것은, 수업 시간에 서로 문자 주고받다 둘 다 선생님한테 스마트폰을 한 달간 압수당해서 그래. 우리 쌍둥이네 학교가 스마트폰 사용 규칙이 매우 엄격한 학교이거든. 이제 압수 기간이 끝나가니 곧 연락할 거야."

"아, 그래서 연락을 하지 않는 것이군요."

나의 표정을 살피며 조심스럽게 말을 건네던 리엔이 그제야 나의 환한 표정을 따라 밝게 웃었다.

"하여튼 저는 정말이지 이해가 안됩니다. 한국이라는 그렇게 잘사는 나라에서, 의료시설도 우리 베트남보다 훨씬 더 잘 돼있는 나라에서, 사람들이 어떻게 그리 허무하게 죽는지 정말 이해가 되지 않습니다."
 "꼭 그렇지는 않아 리엔. 경제적으로 잘 산다고 해서 모든 것이 다 좋은 것은 아니야."
 리엔의 말에 미소를 띠며 내가 말했다.
 "그건 그렇고 리엔. 선생님이 리엔에게 물어보고 싶은 것이 있는데 혹시 말해 줄 수 있어?."
 "네? 어떤 것이요?"
 "어제 리엔 집에 갔을 때 동생이 한 말, 나쁜 한국사람도 있다는 게 무슨 말이야?"
 찻잔을 들어 입에 가져가던 리엔이 급작스러운 나의 질문에 멈칫했다.
 "괜찮아. 말해 봐. 듣고 싶어서 그래. 우리 한국 사람이 리엔에게 혹시 어떤 나쁜짓을 했어?"
 나의 거듭된 질문에 찻잔을 두 손으로 들고 한참 눈을 아래로 내리깔고 있던 리엔이 찻잔을 내려놓고 나를 똑바로 쳐다보았다.
 "부끄러운 이야기입니다. 하지만 선생님이니까 말씀드리겠습니다. 제가 아르바이트하는 한국식당에 자주 오는 한국인 손님이 있었습니다. 선생님 나이쯤 되는 남자입니다. 무역회사 사장님이라고 했습니다. 제가 마음에 든다고 자기가 운영하는 무역회사에 취직할 생각 있냐고 물었습니다. 저는 그러고 싶다고 했습니다. 가끔 저에게 가이드와 통역을 부탁하였고 비용을 지불했습니다. 저에게 비싼 선물도 주었습니다. 부담스러워 거절했습니다. 하지만 받으라고 계속 말하여 받았습니다. 하루는 그 분이 머무는 호텔에서 문서 번역 작업을 해 달라고 하여 갔습니다. 그런데 그 분이 갑자기. 저는 하지 말라며 분명하게 말했고 책상 위에 놓여있던 칼을 들어 제 목에 댔습니다. 그랬더니 그

분이 많은 달러를 꺼내 보여주었습니다. 일주일에 한 번씩 자기를 만나주면 한 달에 한 번씩 저에게 월급처럼 주겠다고 말했습니다. 싫다고 했습니다. 지금 바로 나를 나가게 해 주지 않으면 죽겠다고 말했습니다. 그 분이 제 목에서 흐르는 피를 보더니 행동이 바뀌었습니다. 제 앞에 무릎을 꿇으며 신고하지 말아달라고 했습니다. 오늘 일은 없었던 일로 해 달라며 두 손을 모았습니다. 신고하지는 않겠습니다. 다만 다시는 베트남 여자들을 더럽히지 말라고 말하고 나왔습니다. 공안에 신고하지 않았습니다. 학교에 알려지고 부모님께 걱정을 끼칠 것이 염려되어 그렇게 하였습니다. 동생에게만 말했습니다. 환상을 가지되 조심하라는 의미에서. 부모님께는 학교 활동 중에 다쳤다고 말했습니다.”

리엔의 말을 듣고 다시 자세히 보니 하얀 살결의 왼편 목줄기에 손가락 한마디 길이 만큼에 희미한 흉터가 있었다.

“그런 일이 있었구나. 미안하다 리엔. 그리고 그건 리엔이 부끄러워 할 일이 아니라 한국사람으로서 내가 대신 사과해야 할 일이다.”

“아닙니다. 선생님이 왜 사과합니까. 잘못은 그 분이 했습니다. 그 분은 나쁜 사람입니다. 그렇다고 한국사람 전부가 나쁜 것은 아닙니다. 저는 미옥이와 미향이 그리고 어머니를 통하여 한국 사람을 더욱 좋아하게 됐습니다. 물론 선생님도 너무 좋은 분입니다.”

나의 사과에 어쩔 줄 몰라 하며 황급히 두 손을 들어 허공에 젓는 리엔이었다.

“매주 월요일이면 오전에 친구들과 스터디 한다고 하지 않았었나? 몇 시나 됐나? 아이쿠 이런, 너무 늦었다. 기숙사에 들어가 자료 준비도 하고 그래야지. 새롭게 시작하는 월요일인데 말이야. 아, 한 시간만 있으면 오늘이 지나가네. 내일, 월요일, 7월 22일이 우리 미옥이하고 미향이 생일인 거 알지? 리엔에게 말했다고 하던데? 하노이에서 이번 여름 방학에 언니랑 함께 맛있는 거 먹을 수 있을 것 같다고 했다면서? 틈만 나면 노래를 불렀지. 여기 베트남에 오고 싶다고. 미안해. 이번에는 우리 미옥이랑 미향이가 여름방학 학교특강 때문에 어쩔 수 없이 못 왔는데 다음에 올 때는 꼭 데리고 함께 올게."

나의 말에, 그러면 핸드폰 돌려받으면 보라고 베트남 시간으로 오늘 자정 지나 미옥이 미향이에게 생일 축하 메시지 보내겠다며 리엔이 웃었다.

출입문 밖에서 자동차 경적 소리가 울렸다. 카페 여주인에게 부탁한 택시가 왔다. 리엔을 태웠다. 열린 택시의 창문 안에서 인사를 하는 리엔에게 손을 뻗어 봉투를 건네주었다.

"무엇입니까 선생님?"

"우리 가족에게 돌아가기 전에 리엔에게 주는 선물이야. 받어. 잘 가. 지금 봉투 열지 마. 기숙사에 도착하면 열어 봐. 내가 리엔에게 주고 싶은 것과 하고 싶은 말을 적었어. 내 말대로 꼭 해. 알았지? 선생님하고 약속하는 거다."

봉투를 건네며 미소 짓는 나에게 말없이 고개를 끄덕이는 리엔이었다.

인적 없는 어두운 롱비엔 철교의 시멘트 석판 보도를 따라 사내가 성큼성큼 걸어가고 있었다. 사내의 발밑에서 직사각형 시멘트 석판이 가끔 흔들리며 덜컹 거렸다. 철교 아래 바나나 숲 가운데 농가에서 개들이 한밤중 인적을 느끼고 짖기 시작했다. 바나나 숲이 끝나면서 철교 아래에 넓고 긴 강물이 펼쳐졌다. 거침없이 한참을 걸어 철교의 중간에 선 사내가 팔을 들어 시계를 보았다. 자정이 넘어가고 있었다. 사내가 지퍼가 달린 바지 주머니에서 반으로 접힌 하얀 봉투 3개를 꺼냈다. 바지 다른 쪽 주머니에 있던 지갑을 꺼내 신분증과 명함들 외에는 아무것도 없음을 확인했다. 지갑 사이에 여권을 끼워 다시 바지 주머니에 넣고 지퍼를 단단히 닫았다. 반으로 접힌 3개의 봉투를 열어 그 속에 있는 하얀 가루를 손에 담아 차례로 허공에 흩뿌렸다. 한 줌의 하얀 가루들이 허공에서 바람에 흩날리다 소리 없이 홍강(紅江) 수면에 떨어졌다.

"우리 쌍둥이 생일 축하한다. 당신, 많이 기다렸지…허허, 본의 아니게 이렇게 우리 가족 두 번째 해외여행을 하게 되었네. 그러고 보니 당신, 한국에 와서야 나에게 고백했지. 이곳 롱비엔 철교를 건널 때 사실 당신도 많이 떨렸었다고 말이야. 그런데 어떻게 그 때 그렇게 나만 놀릴 수가 있었어?"

깊은 강물 위에 한 점 파문이 일었다.

기숙사에 도착한 리엔이 봉투 속에서 3,000불과 한국 대기업 건설회사 인사담당자 명함을 꺼내들었다. 하얀 종이에 적힌 한국어를 읽어내려가며 터지는 울음을 힘겹게 참고 있는 리엔이었다. ■

정상청은 죽었다

정 수 남

1

정상청이 죽었다.

새벽 핸드폰에 찍힌 문자는 정상청이 명성병원 중환자실에서 2023년 7월 11일 오전 4시 42분 운명했다는 것과 빈소는 그 병원 장례식장 지하 6호실에 차렸다는 부고였다. 그리고 그 밑에는 외아들인 상주 정건혁 이름의 국민은행 계좌번호가 찍혀 있었다. 880601-01-013562. 부음과 함께 계좌번호를 알리는 것이야 요즘 흔한 일이어서 하등 이상할 게 없었으나 그의 부고 밑에 그게 적혀 있다는 게 왠지 낯설게 느껴졌다.

사람이 죽는 것은 재산이 많고 적은 것과는 관계가 없었다. 또 나이와도 상관이 없는 일이었다. 그렇게 보면 정말 사람이란 존재는 한낱 피조물에 불과하다는 성경 말씀은 진리라고 할 수 있었다. 그런데도

한 치 앞을 내다보지 못하고, 우쭐대며 찧고 까부는 사람들을 보면…….
　돌아보면 정상청도 그런 사람 가운데 한 명이었다.
　부음을 받은 나는 부랴부랴 동창들에게 문자를 돌렸다. 요추관 협착증으로 인해 다리가 끊어질 듯 아팠으나 나는 주저하지 않았다.

2
　하필이면 다른 날 다 놔두고, 더위가 기승을 부리는 이런 날 골라서 갈 건 뭐냐, 죽으면서까지 우리를 고생시키려고 작정한 거 아니냐, 카페에 모인 친구들은 만나자마자 볼멘소리를 뱉어냈다. 그들도 새벽에 부음을 모두 받았다고 했다. 그래도 창원, 용길, 정택, 준기, 민구 등 다섯 명의 얼굴은 보이지 않았다. 그들은 나중에 직접 장례식장에 오기로 했다고, 성현이가 전했다.
　그 많은 재산 다 놔두고 그 자식 어떻게 눈을 감았대?
　약속 시간보다 늦게 도착한 종태가 미안하다는 기색도 없이 앉자마자 한마디 던졌다. 그러자 그의 말을 받아 여기저기서 비슷한 말들이 쏟아졌다.
　마누라 좋은 일 시킨 거지, 뭐.
　마누라뿐인가. 아들은 어떻고? 지금이야 상주 노릇 하느라고 웃음을 참고 있겠지만, 그 녀석 속으로는 완전 로또 당첨된 기분일 거야.
　누가 아니래, 그렇게 갈 걸, 뭘 그렇게 자린고비처럼 인색하게 굴었는지 몰라.
　병호가 한마디 내뱉자 친구들은 모두가 하나같이 혀를 찼다. 그래도 동창이 죽었다는데 마지막 가는 길 문상은 가봐야 하는 거 아니냐는 물음엔 모두 동의하는 얼굴이었다. 그래도 친구들은 금방 일어나지 않았다. 오랜만에 한데 모인 탓일까. 이번엔 지선빌딩 관리소장을 누가 맡을 것인가, 하는 데 관심을 쏟았다. 물론 그거야 유가족들이 알아서 할 터이지만 누가 맡든 죽은 정상청이보다는 한결 부드럽지 않겠느냐 데는 누구도 이의를 달지 않았다.

　세입자들 허리가 이제 조금 펴지겠구먼.
　하긴, 관리실이 없어지면 주차장이 한결 시원해 보이겠군.
　그럴 테지. 세입자들 주차하는 데도 불편하지 않을 터이고.
　친구들이 내 이야기를 꺼낸 것은 그다음이었다. 그 말을 처음 입에 올린 친구는 종태인데, 그는 입을 열 때부터 빈정거리는 투로, 너는 예수 믿으라고 그렇게 쫓아다니더니 이젠 좀 쳤네, 했다. 그러자 친구들의 시선이 모두 나에게 쏠렸다. 누군가 그렇게 믿으라고 쫓아다녔는데도 믿지 않은 정상청은 지금쯤 지옥에 떨어졌을 거라고 중얼거렸다. 그러나 그게 끝이 아니었다. 잠시 뒤 그 화살은 내가 무능하다는 데로 집중했다. 아무리 협착증으로 다리가 아파도 그렇지, 그놈 하나도 전도하지 못하면서 무슨 목사라고 껍죽대고 다니느냐는 말투가 조금 불편했지만 나는 친구들이 한꺼번에 떠들어도 대꾸하지 않았다. 머리를 숙인 채 얼음이 담긴 아이스아메리카노 컵을 흔들고 있었다. 친구들의 말은 하나도 틀린 데가 없었다. 척추 신경이 눌려 다리가 마비된 것처럼 저리고 아파도 3년 넘도록 성경을 옆구리에 끼고 드나든 게 말짱 도루묵이 되었다는 낭패감이 엄습했으나 그들 앞에서는 내색조차 할 수 없었다. 하긴, 한 영혼을 구원의 반열로 인도한다는 게 그렇게 쉬운 일은 아니지 않은가.

　따지고 보면 그의 죽음은 이미 예견된 것이나 다름없었다. 3년 전

발병한 폐암이 재발, 전이되었다는 소식을 들은 친구들은 곧 죽겠구먼, 하는 말을 직접 꺼내지는 않았지만 모두 그의 죽음이 임박했다는 것을 예견하고 있었다. 다만 언제쯤 죽을 것인가에 대해서는 예측들이 분분했다. 두 달을 보는 측도 있었고, 길게는 팔구 개월을 내다보는 측도 있었다. 그럴수록 나는 더 그를 자주 찾아갔다. 찾아가서는 지금도 늦지 않았다는 말을 녹음기처럼 반복했다. 누구든지 주의 이름을 부르는 자는 구원을 받는다고 성경에 쓰여있어. 그러나 그는 번번이 머리를 흔들었다. 어느 때는 버럭, 소리까지 지르면서 그런 말 하려거든 앞으로 다시는 지선빌딩에 발그림자도 들여놓지 말라고 엄포를 놓기도 했다.

그러니까 3년 진 폐암에 걸린 그가 수술하고 퇴원했다는 소식을 접했을 때 나는 반신반의했다. 과연 그게 사실일까 싶었다. 물론 흠이야 많았지만 그만큼 씨름으로 다져진 그는 체구가 건장했고, 늘 자신만만했던 까닭이었다. 그때 나를 일깨운 것이 전도였다. 저렇게 내버려 두면 분명 지옥에 떨어질 텐데……. 생각이 거기에 미치자 나는 성경이든 가방을 들고 일어났다. 허방을 짚은 듯 다리가 휘청거렸으나 나는 개의치 않았다. 그러나 예수를 구주로 영접하고 가까운 교회에 나가 예배를 드리라는 내 말을 그는 한마디로 잘랐다. 세상 사람들이면 누구나 다 아는 사실, 즉 폐암이란 암 가운데에서도 악질로 걸리면 아무리 수술이 잘 되었다고 하더라도 재발할 확률이 다른 암보다 높다는 것을 그는 모르는 듯했다. 시시각각 다가오는 죽음의 그림자를 눈치채지 못하는 듯 내가 찾아갔을 적에도 그는 수술받고 나온 사람답잖게 건강하다는 것을 과시했다. 어디서 들었는지는 몰라도 잘 먹고, 잘 싸고, 열심히 일하면 암세포도 함부로 범접하지 못한다고 장담했다. 그가 그것을 무엇보다 신봉하고 있었다는 사실은 그 뒤 암이 재발해 병원에 들어가기 직전까지도 일손을 놓지 않았다는 것으로도 알 수 있는 일이었다.

입원하기 전전 날에도 그는 관리실로 쓰고 있는 컨테이너 출입 문턱에 엉덩이를 걸치고 앉아 아들과 함께 어디에서 주어왔는지 모를 전선 한 묶음을 내려놓고는 껍질을 한 줄 한 줄 벗기고 있었다. 내가 묻자 그는 자랑하듯 이웃한 6단지 폐품처리장에서 주어왔다면서 요즘 사람들은 도무지 물건 아낄 줄을 모른다고 투덜거렸다. 그리고는 여기에서 동선을 뽑아 팔면 얼마나 버는 줄 아느냐고 되물었다. 나는 건성으로 얼마나 되는데, 하곤 컨테이너 안을 기웃거렸다. 며칠 전 내가 건네준 구원에 관한 책자를 읽었는지 살피기 위해서였다. 그러나 내 기대와는 달리 책자는 내가 놓았던 그 자리에 그대로 덮인 채 놓여 있었다.

책 읽어 봤어?

내가 묻자 그는 그것 때문에 또 왔느냐고 되물었다.

내가 그렇게 할 일이 없는 줄 아냐. 여기 봐라, 지금 내가 얼마나 바쁘냐?

엄지와 검지 손톱이 새까매졌는데도 그는 전선을 열심히 벗기고 있었다. 손이 굼뜬 아들에게 잔소리를 늘어놓는 것 역시 여전했다. 나는 그가 안타까웠다. 죽음에 대한 공포 따위를 전혀 의식하지 못하는 그가 한없이 미련해 보였다.

예수님을 믿어. 그래야 천국에 갈 수 있어.

성경을 꺼내 들고 내가 뒷말을 이으려고 하자 그는 크게 손사래를 쳤다.

예수, 좋아하네! 야, 안마. 이 세상에서 누굴 믿어? 자식새끼는 물론이고 마누라까지도 못 믿는 판국인데……. 국회의원? 대통령? 눈에 보이는 그 사람들도 못 믿는데 나에게 이천 년 전에 죽은 예수를 믿으라고? 그딴 소리 하려거든 여기 오지도 말라니까. 내가 믿는 건 돈밖에 없어, 인마. 돈만큼은 내가 믿을 수 있지.

그는 내 아래위를 훑어보며 키득거렸다. 그리고는 이어서 다시 그의 외삼촌 이야기를 장황하게 늘어놓기 시작했다. 벌써 몇 번째 듣는 이야기인가. 나는 머리를 흔들었다.

그의 말에 의하면 그의 집안이 한동안 끼니 걱정할 만큼 어려움에 빠지게 된 것은 순전히 그의 외삼촌 탓이라고 했다. 그 이야기를 그는 틈만 나면 녹음기 틀 듯 되풀이한 탓에 이젠 나도 어렴풋하게나마 그 외삼촌이 어떻게 생겼다는 것까지 짐작할 수 있을 정도였다. 장동건은 저리 가라고 할 만큼 잘 생겼고, 머리 또한 뛰어나 학교에서는 수석 자리를 놓친 적이 없디는 것도. 그린 만금 집안에서 상자 크게 될 인물이라고 기대한 것은 당연한 일이었다. 그 또한 어렸을 때부터 자신이 그렇게 될 줄 알고 있었다고 했다. 그러나 아니었다. 명문대학 졸업 후 정치 마당에 발을 디딘 게 잘못이었다. 그냥 국회의원 보좌관으로 만족하면 될 것을 욕심이 발동(정상청의 표현이었다)하여 그 자리를 걷어차고 금뺏찌 달아 보겠다고 출마한 게 사단이었다. 또한 그것도 한 번 낙마했으면 그만 포기하고 다른 길을 모색하면 될 터인데 세 번씩이나 출마하는 통에 어머니의 친정은 물론, 그동안 먹을 것도 안 먹고 장만한 아버지의 전답까지 몽땅 거덜을 냈다는 것이었다. 그리고는 젊은 나이에 자살로 생을 마감했다고 했다. 죽기는 왜 죽나. 그게 자기 하나 죽는다고 해결될 문제냐고. 그건 책임회피야. 죽을힘이 있으면 어떻게든 살아서 갚을 생각을 해야지, 안 그래? 그 뒤 다시 전답을 장만하여 정상청에게 물려주기까지 아버지를 비롯한 가족의 고생은 이루 말할 수 없었다고 했다. 하긴, 고등학교 시절 그의 도시락 반찬은 늘 김치 아니면 깍두기가 전부였다. 당시 아이들이 흔히 싸 오던 멸치

볶음 따위도 찾아볼 수 없었다. 짝꿍이었던 까닭에 나는 그것을 누구보다 잘 알고 있었다.

그는 외삼촌 이야기를 꺼낼 때마다 그를 가리켜 '그 자식' 또는 '그놈'이라고 불렀다. 그러다가 목소리가 조금 커지거나 빨라지면 거침없이 '개 같은 자식'이라고 부르기까지 했다. 한번 시작되면 그의 이야기는 끝날 기미를 보이지 않았다. 그만큼 그의 가슴 속에 응어리진 게 크다는 것은 알 수 있었으나 나는 그만 그의 말을 끊어야겠다고 생각했다.

그럼, 넌 돈을 벌어서 어디다 쓰냐?

쓰긴 왜 써, 인마. 잘 보관해 둬야지.

은행에?

넌 은행 믿냐? 난 은행도 믿지 않아. 금융사고 나는 거, 너도 종종 듣잖아?

그럼?

그래서 난 나만 아는 비밀 장소에 잘 보관해 둬, 반드시 현금으로.

어디, 금고?

야, 인마. 그게 비밀 장소가 되겠냐? 나, 돈 여기 두었소, 하고 광고 치는 거나 마찬가지이지.

그렇다면 그 비밀 장소란 데가 어디일까. 나는 궁금했으나 더 묻지 않았다. 내가 참을 수 없었던 것은 그보다 그가 너무 돈, 돈 하는 것이었다. 그래서 돈은 돌아야 하는 거라고, 한마디 건넸다. 그러자 그는 나를 경멸하듯 쏘아보았다.

그건 쓰기 좋아하는 미친놈들이 자기를 정당화하기 위해서 만들어 놓은 말일 뿐이야. 그렇다면 저축이란 단어는 애당초 없어야 하는 거 아니야?

그는 말끝에 어디서 들었는지는 몰라도 일본 속담이라고 하면서, 돈을 버는 것은 바늘로 땅을 파는 것과 같지만 돈을 쓰는 것은 모래에 스며드는 물과 다름없다는 말까지 덧붙였다.

지선빌딩은 그의 소유였다. 처음엔 논밭이었는데 그의 아버지가 죽으면서 물려준 뒤 얼마 지나지 않아 신도시 상업지구로 개발이 되자 그가 재빨리 건물을 올리고 지선빌딩이라는 이름을 붙인 것이다. 지하 1층을 비롯해 지상 6층, 연면적이 5,068 평방미터인 그곳엔 그러나 관리실이 없었다. 관리실이 없으므로 당연히 관리소장도 없었다. 다시 말하면 그가 건물주이자 관리소장을 겸하고 있는 셈이었다. 그러니까 건물 뒤편 주차장 한 귀퉁이에 건물과는 어울리지 않게 놓인 낡은 컨테이너가 명패는 붙이지 않았으나 관리실이라고 할 수 있었다.

첫날 그것을 보고 이상하게 여긴 내가 관리실이 왜 컨테이너이냐고 묻자 그는 키득거리면서 대수롭지 않다는 투로 대꾸했다. 관리실이라고 건물 안에 한 자리 떡, 차지하고 있어 봐라. 모양이야 그럴듯하겠지. 그런데 그렇게 있는 대로 똥폼 잡고 있으면 누가 돈 주냐. 그 자릴 세 놔봐라, 월세가 얼마만큼 들어오는데. 그는 그래서 관리소장도 두지 않고 자신이 직접 맡아 하는 거라고 떠벌렸다. 사람 하나 채용한다는 게 얼마나 힘든 건지 너 아냐? 요즘은 맘에 들지 않는다고 맘대로 자르지도 못해. 법이란 게 모두 그쪽 편이거든.

그렇다고 그가 처음부터 나를 박대한 건 아니었다. 처음 만났을 때는 웃으면서 반갑게 맞이하기도 했다. 그러나 나는 곧 친구들이 머리를 설레설레 흔들면서 입버릇처럼 지껄이던 노랑이, 구두쇠, 자린고비라는, 그의 실상을 실감하게 되었다. 그것을 처음 느낀 것은 점심때가 되어 들어간 인근 식당에서였다. 식당에 들어서자마자 그는 나에게 물어보지도 않고 순대국밥 보통, 둘을 호기롭게 주문했다. 이 집은 이게 맛있어. 그때까지만 해도 나는 그가 점심 한 끼 낼 생각이 있는 것으로 간주했다. 들깨와 부추, 그리고 거기에 깍두기 국물까지 부은 그는 정말 맛있다는 듯 국물까지 남기지 않고 한 그릇을 금세 비웠다. 내가 절반쯤 먹을 사이에 벌써 숟가락을 내려놓은 그가 생수로 입안을 헹구면서 물었다.

목사는 한 달에 얼마나 버냐?

깍두기를 씹던 나는 목회자 사례비란 일반인들이 얘기하는 경제개념, 즉 번다는 의미와는 다르다고 설명했다. 그러자 그는 목사도 어쨌든 밥은 먹어야 살 것 아니냐고 반문하면서 같은 말을 다시 물었다. 결국 대꾸가 난처해진 나는 반대로 그렇다면 너는 얼마나 버느냐고 되물었다. 그러자 그는 잠시 머릿속으로 계산을 하는 듯 큰 눈을 끔벅이다가 한 달에 고정 수입이 대충 오천만 원쯤 된다고 나지막하게 말했다. 물론 자신 소유의 빌딩이 있으니까 고수익은 어느 정도 예상했으나 그의 입을 통해 수입액을 직접 듣게 되자 나는 놀라움을 금할 수가 없었다. 목회자로는 엄두도 나지 않을 만큼의 큰 금액이었다. 그러나 내가 더 놀란 것은 그의 수입이 그게 전부가 아니라는 사실이었다. 그것은 단지 지선빌딩 하나에 국한되었을 뿐, 그 외로도 그가 수입을 올리는 곳은 여러 군데가 더 있었다. 사직동의 한옥에서도 또박또박 월세가 들어왔고, 법원리의 창고에서도, 또 주말농장으로 세놓고 있는 고양동 절대 농지에서도 적잖은 수입을 보태고 있었다. 그는 보증금보다 월세를 더 선호한다고 덧붙였다.

보증금은 올려봤자 결국 다시 내줘야 하는 빚이잖아. 잠시 가지고 있다는 것밖에 더 돼? 그런데 월세는 그렇지 않잖아. 그래서 계약을 다시 할 때가 되면 나는 세입자들에게 보증금 대신 월세를 올려달라고

통지하지. 그래야 내 알짜 수입금이 오르게 되거든.

그는 이쑤시개로 잇속을 파내며 웃었다. 키득거리는 그의 웃음소리를 들으며 이번엔 내가 물었다.

그렇다면 지금 사는 집 평수는 꽤 넓겠네?

무슨 소리야? 요 앞 21평짜리에 살아. 마누라하고 아들 하나 데리고 사는데 왜 큰 데 살아야 하나? 큰 데 살아봐라, 관리비만 많이 나가. 근데 거기도 관리비가 제법이야. 그래서 아들놈 장가가게 되면 더 적은 데로 갈까, 지금 궁리 중이야.

그는 그 흔한 자동차도 소유하고 있지 않았다. 지선빌딩과 가까운 곳에 아파트를 장만한 것도 그것 때문이라는 것이었다. 두 다리가 멀쩡한 데 왜 기름값 없애가면서 그걸 타고 다녀야 하느냐고 반문하면서 꼭 필요할 때는 세입자들의 차를 잠시 빌려 탄다고 했다.

사람들은 흔히 목사를 가리켜 요리사라고 부른다. 이는 성경 말씀을 통해 영적 양식을 요리해서 사람들에게 먹인다는 의미를 담고 있다. 결국 순댓국 절반을 남기고 숟가락을 내려놓은 나는 그러나 그에게는 지금 어떤 음식을 요리해 코앞에 디밀어도 먹지 않을 것 같다는 느낌이 들었다. 그렇다면 어떤 요리를 만들어야 그가 입맛을 다실까. 나는 입을 닦으며 한숨을 길게 내쉬었다. 그렇다고 포기할 수는 없었다. 내가 누구인가. 남들은 다 은퇴할 시기에 신학 공부를 시작해서 목사 안수까지 받은, 끈질긴 것 하나만큼은 누구에게도 지지 않는다고 자부하는 사람 아닌가.

결국 그날 순댓국은 내가 샀다. 이쑤시개를 물고 먼저 일어선 사람은 그였으나 그는 늘 그래왔다는 투로 아무렇지도 않게 출입문을 빠져나갔다. 카드로 계산을 마치고 절뚝거리며 부랴부랴 따라붙은 나에게 그는 그러나 늘 그래왔다는 듯 잘 먹었다는 말 한마디도 건네지 않았다. 그뿐만이 아니었다. 그 뒤부터 성경책을 끼고 그의 협소한 관리실을 찾을 적마다 때가 되면 응당 점심값은 나의 몫이 되곤 하였다. 교회에 나가자는 말에는 대꾸하지 않다가도 때가 되면 그는 제가 사는 것도 아니면서 따라오려면 오고, 싫으면 말라는 식으로 늘 먼저 자리를 털고 일어섰다. 나는 친구들이 왜 그를 기피 하는지 비로소 알 것 같았다.

3

　명성병원 장례식장에 우리가 도착한 시간은 오후 5시가 다 되어갈 무렵이었다. 몇 명은 밤에 개별적으로 문상하겠다고 카페를 나서면서 가버렸고, 함께 간 친구들은 4명이 전부였다. 장례식장은 지하실이지만 늘 그렇듯이 대낮처럼 밝았고, 시원했다. 후덥지근한 바깥과는 다른 세상 같았다. 다만 복도마다 검은 글씨의 이름표를 붙이고 길게 줄지어 선 하얀 조화들과 복도에서 맴도는 향 타는 냄새가 장례식장이라는 것을 알려주고 있을 따름이었다. 입구에 들어서면서부터 친구들도 모두 숙연해진 모습이었다. 부의금을 가지고 웃고 떠들던 조금 전의 얼굴들이 아니었다.
　차 안에서 종태는 부의금으로 5만 원을 준비했다면서 정상청이 여태까지 베푼 것에 비하면 그것도 많은 거라고 했다. 그래도 요즘 세상에 10만 원은 해야 하는 거 아니냐고 병호가 곁에서 툭을 주자 그는 버럭 목소리를 높였다. 그게 적어? 상청이 놈 같아 봐라. 그놈은 아마 단돈 10원도 하지 않을 거다. 문상도 오지 않을 거야. 아니, 너희들 가운데 상청이가 문상가는 거 본 사람 있으면 나와봐. 없지? 거봐. 그러니까 이것도 내가 아주 큰맘 먹고 선심 쓰는 거야. 그래도 명색이 친구니까 마지막 가는 길에 여비나 보태쓰라고.

　그 말에 토를 다는 친구들은 아무도 없었다. 병호가 무슨 말을 할 듯 입을 우물거렸으나 그도 곧 닫고 말았다. 조수석에 앉았던 나는 잠시 생각을 모아 보았다. 그가 정말 이런 경우를 당했다면 문상간다고 했을까. 그건 알 수 없었다, 그만이 알 뿐. 하지만 하나는 내가 분명히 알고 있었다. 이태 전 요양병원에 있던 그의 고모가 죽었을 때 그는 문상 가지 않았다. 그때도 그는 그것을 자랑스럽게 나에게 떠벌렸다. 사람은 죽으면 그뿐이야. 죽은 사람 앞에 가서 절하면 뭐 하나. 죽은 사람이 그걸 알아? 더구나 돈은 왜 줘? 우리 고모는 치매였어. 요양병원에 7년 넘도록 있었지. 고모는 살아생전에도 자기를 찾아오는 사람 누군지 알아보지 못했어. 근데 돈 준다고 알아보겠어, 죽은 사람이? 그러니까 그건 다 산 사람들이 자기를 위로하기 위한해 만들어놓은 짓거리일 뿐이야.

　6호실은 계단을 다 내려와서도 한참을 더 걸어가야 했다. 빈소는 한산했다. 조문객들로 북적거리는 다른 데와는 달랐다. 우리가 들어서자 빈소에 앉아 있던 아들이 일어났다. 국화 한 송이씩 영정 앞에 올리고 단체로 조문을 마친 우리는 아들의 안내를 받아 식당으로 자리를 옮겼다. 우리 가운데 어떻게 갔느냐, 갑자기 이게 무슨 변고냐는 따위의 인사치레 같은 질문을 하는 친구는 아무도 없었다. 왜냐하면 그의 죽음이란 이미 모두 예견하고 있던 터이었으니까…….

　빈소 앞에 딸린 식당 역시 한산하기는 마찬가지였다. 테이블이 모자랄 정도로 끼리끼리 모여앉아 먹고, 마시며, 웃고, 떠드는 소리가 왁자한 다른 빈소의 식당과는 달리 식탁에 앉은 조문객도 우리밖에는 없었다. 종태는 그것까지 예상했다는 듯 앉자마자 빈정거리듯 입을 열었다.

세상인심은 주는 만큼 받는 거야. 살아있을 때 베푼 게 하나도 없는데 누가 죽었다고 찾아오겠냐? 가는 정이 있어야 오는 정도 있는 법이지. 안 그래? 아마 모르긴 몰라도 지금쯤 부고장 받은 사람들 모두가 잘 갔네, 하고 있을지도 몰라.

식탁엔 우리가 앉기 전부터 떡과 편육, 가자미 회무침, 대구전 따위가 이미 가지런히 놓여 있었다. 상조회에서 나온 여자들이 육개장을 놓고 가자 병호가 음료수병과 함께 곁에 있던 소주병을 집어 들고 마개를 비틀었다.

야, 그래도 이건 상청이가 주는 거니까 감사한 마음으로 음복해야 하지 않겠어?

종이컵을 집어 든 그는 먼저 종태에게, 다음은 성현이에게, 그리고는 나를 힐끔 건너다보다가 아, 참 목사는 술 마시지 않지, 하고는 자신의 컵에 술을 따랐다. 목이 마른 듯 친구들은 종이컵을 단숨에 비우고는 얼굴을 찡그리며 육개장 국물, 또는 편육이나 대구전 따위를 안주로 입에 넣고 우물우물 씹었다. 친구들이 술을 마시는 동안 나는 육개장 한 그릇을 비웠다. 물론 저녁밥을 먹어야 할 시간인 탓도 있었지만, 육개장은 그런대로 맛이 있었다. 소주가 몇 병 비워가자 목소리가 커진 친구들의 눈길이 다시 나에게 쏠렸다. 제일 먼저 말을 걸어온 사람은 역시 종태였다.

어이, 나 목사. 떠난 상청이 영혼을 위해 기도 좀 해줬어?

내가 대꾸하지 않자 이번엔 성현이가 거들고 나섰다.

불쌍한 영혼이잖아. 기도해줘야지.

나는 잠자코 있었다. 문득 불쌍한 영혼은 비단 죽은 정상청만이 아니라는 생각이 들었다. 따지고 보면 아직 예수를 모르는 친구들 역시 모두 불쌍한 영혼 아니겠는가. 더구나 정상청 가족들의 영혼도…….

내가 입을 다물고 있자 종태가 목소리를 높였다.

돈독이 오른 상청이는 평생 그것만 붙들고 살다가 갔다고 치자. 그럼 너는 그걸 보면서 뭐 했냐? 네 협착증 때문에 그 자식 하나 구원하지 못했냐? 바짓가랑이를 붙들고 늘어져서라도 예수, 천당, 부르짖었어야 하는 게 네 직업이잖아.

나는 왠지 모르게 목이 말랐다. 사이다 한 모금을 마셨으나 그때뿐 갈증은 쉽사리 가라앉지 않았다. 그의 영혼은 정말 지금쯤 어디를 떠돌고 있을까. 그곳에서도 그는 여전히 돈, 돈, 하면서 믿을 건 돈밖에 없다고 큰소리치고 있을까.

갑자기 다리가 찌르는 듯 아팠다. 협착증으로 인한 고통은 사전 예고 없이 찾아오곤 했다. 내가 잠시 방심하면 곧 자신의 존재를 알리곤 했다. 진료 후 의사는 그것을 척추 안 신경이 지나가는 통로가 좁아지는 현상 때문에 눌려서 일어나는 여러 가지 증상 가운데 하나라고 하면서 먼저 보존적 치료부터 받아 보자고 권했다. 오래 서 있거나 걸으면 다리가 무거워지고, 저리고 당기는 듯한 통증이 있다고 말하자 그는 그게 그런 거라면서 대수롭지 않다는 투로 나이 칠십이면 한두 가지 지병은 친구처럼 안고 살아가야 하는 것 아니냐고, 오히려 반문했다. 그리고는 되도록 무거운 물건은 들지 말고, 허리를 비틀고 구부리는 동작을 삼가라고 일러주었다. 보존적 치료로 그는 약물치료와 함께 물리치료를 병행하도록 권했다.

얼마나 지났을까. 친구들의 취기가 어느 정도 올랐다고 느꼈을 때 정상청의 아내가 식당에 들어왔다. 미망인이 된 그녀는 그러나 우리를 보고도 슬픈 기색 없이 흰 이빨까지 드러내며 환하게 웃었다. 병호가 장지는 어디로 정했느냐고 묻자 그녀는 벌써 몇 해 전 분당에 있는 메

모리얼 파크를 예약해 두었다고 말했다. 나는 그 몇 해가 언제인지 알고 싶었다. 폐암이 재발 되었을 때 장만한 것인지, 아니면 처음 발견되었을 때 장만한 건지, 또 그걸 정상청이 허락한 것인지 궁금했다. 그러나 그것을 묻는 친구는 아무도 없었다. 결국 그 질문은 왼쪽 다리를 상아래로 뻗고 있던 내가 던질 수밖에 없었다.

그게 언제예요?

처음 발견되었을 때니까, 삼 년 되었나……

상청이도 그걸 알고 있었나요?

내가 눈을 동그랗게 뜨자 그녀는 갑자기 까르르 소리를 내며 웃었다.

알다니요? 저 사람이 그걸 알았다면 큰일 났을 거라는 건 친구분들도 잘 아시잖아요. 그러니 어떻게 하겠어요, 준비는 해야겠고, 몸은 점점 더 나빠지는 것 같고. 그래서 생각 끝에 제가 결단을 내린 거예요.

그렇다면 비용은?

저 사람이 어디 돈 달란다고 줄 사람이에요? 할 수 없이 제가 그동안 몰래 모아두었던 쌈짓돈을 털어서 예약했지요, 뭐. 상조회도 마찬가지예요. 그래도 예상보다는 오래 버텼어요, 저 사람.

그녀는 마치 동네 사람이 죽은 것처럼 서슴없이 말했다.

그 말을 듣자 친구들은 술이 확, 깨는 모양이었다. 등잔 밑이 어둡다고, 돈만큼은 그렇듯 철저히 관리한 그도 집안의 빈 구멍은 못 봤구나, 그렇게 생각하는 것 같았다. 그러나 나는 아니었다. 그 말을 들으니까 미련을 떨다가 간 그가 갑자기 더 불쌍하게 느껴졌다.

이번엔 병호가 큰 눈을 두리번거리면서 물었다.

문상을 오는 사람이 별로 없는 것 같아요?

그러자 그녀는 다시 소리 내어 웃었다.

당연하잖겠어요? 저 사람이 평생 한 짓이 그랬잖아요. 어디 그게 조문객뿐이겠어요? 다 알렸는데 일가친척도 오지 않는 마당인데…….

아, 정말 그러네요.

내가 고개를 끄덕거리자 그녀는 이번에도 서슴없이 말을 이었다.

저 사람 성미 아시잖아요, 누구를 도와줄 줄 모르는……. 일가친척 가운데 초상이 났다는 기별이 와도 생전 가본 적 없고, 누구네 아들이 대학교 들어갔는데 등록금이 조금 모자라니 보태달라고 해도 딱, 잘라 거절하던 사람이거든요. 일가친척과도 평생 척지고 산 사람이 저 사람이에요. 물론 그럴만한 곡절이 있다고는 하더라도 그건 다 과거지사인데…….

그녀는 아쉽다는 얼굴이었다.

뒤이어 그녀는 발인은 내일 새벽 6시이고, 장례는 화장장으로 하기로 했다는 것을 덧붙이고 일어섰다. 오시면 저희야 고맙지만, 아니 오셔도 괜찮아요. 그녀의 말투는 우리가 참석하지 않을 것을 이미 알고 있는 듯했다.

그녀가 일어나자 친구들의 관심은 다시 평생 모은 정상청의 재산이 과연 얼마나 될까, 하는 데 쏠렸다. 장례식장에 오기 전부터 중구난방 떠들던 것이었으나 결말을 짓지 못한 것이었다. 성현이는 300억은 넘을 것이라고 주장했고, 종태는 1,000억도 넘을 거라고 했다. 또 하나는 그 많은 재산을 과연 누가 차지할 것이고, 또 차지한 사람이 어떻게 관리할 것인가, 하는 것을 놓고 의견이 분분했는데 그 부분에서는 누구도 양보할 기색을 보이지 않았다. 종태는 상청이 아내가 하는 품을 볼 때 아들에게 모두 넘길 것 같지는 않다고 했고, 병호와 성현이는 아들이 조금 뒤떨어지는 건 틀림없지만 모두 상속받아 상청이처럼 구두쇠로 살아가지 않겠느냐고 했다.

아비한테 하루에도 몇 번씩 온갖 욕은 다 들어가면서 그 까만 플라스틱 의자에 앉아 배운 게 그것뿐인데, 그 머리에 다른 거 생각할 수나 있었어.

그건 아니야. 너희도 조금 전에 상청이 놈 여편네 웃음 짓는 꼴 봤잖아. 눈화장까지 하고 지분 냄새 풀풀 풍기고 다니는 게 보통 여자로 보이지는 않지? 고린 동전 하나도 함부로 쓰지 않던 상청이 몰래 납골당까지 예약했다는 얘기도 들었잖아. 여기가 지금 어디냐? 미망인이 웃고 다닐 자리냐? 눈이 퉁퉁 붓도록 울어도 시원찮을 자리잖아. 더구나 그 여잔 아직 젊어. 이제 겨우 육십 초반밖에 더 됐어? 그런데도 다 넘길 거라고?

종태는 두고 보라며 만약 다 넘겼다는 소식이 귀에 들리면 자기 손에 장을 지지겠다고 말했다.

성현이가 바쁘다면서 먼저 일어난 뒤 얼마 지나지 않아 이번엔 상주인 아들이 식당에 들어왔다. 그는 목이 마른 듯 들어서자마자 생수병부터 찾았다. 상조회 도우미 여자가 건네준 생수병을 든 그는 우리와 눈길이 마주쳤으나 가까이 다가올 생각이 없는 듯했다. 결국 돌아서는 그를 불러 세운 사람은 종태였다.

어이 상주, 이쪽으로 좀 와봐.

종태가 손짓하자 그는 마지못한 듯 떨떠름한 얼굴을 한 채 다가왔다.

나는 그와도 안면이 있었다. 비좁은 관리실을 찾을 적마다 그는 아버지와 함께 전선을 벗기거나 낡은 선풍기 등을 수리하고 있었다. 어디에서 주워 왔는지는 몰라도 손이 새카매진 채 땀을 흘리며 일하다가도 나를 보면 반갑게 인사를 건네곤 했다. 덩치는 정상청을 닮아 남산만 했으나 말수는 자신의 아버지와는 달리 적은 편이었다. 왜 그렇게 손이 굼뜨냐, 너는 도대체 어느 년 밑구멍에서 삐져나왔냐는 둥, 상청이에게 된소리를 들을 적에도 그는 군말 한마디 하지 않았다.
 다가온 그가 멋쩍은 듯 서성거리자 종태가 그를 잡아 앉혔다.
 자네는 아버지 재산이 얼마나 되는지 정확히 파악하고 있나?
 종태는 궁금한 것은 에둘러가지 않는 성미였다. 순간, 나와 병호의 눈길이 그에게 쏠렸다. 그러나 그는 그 말의 뜻이 무엇인지 금방 이해되지 않는 모양이었다. 그가 입을 열지 않자 이번엔 병호가 재촉했다.
 알고 있지, 아버지가 남긴 재산이 어디 어디에 있다는 것쯤은? 그것도 모르면 아들이 아니지. 안 그래?
 그러자 비로소 그가 무슨 말인 줄 알았다는 듯 웃으면서 머리를 흔들었다.
 그럼, 엄마는 알고 있겠네?
 종태는 그것 보라는 투로 손뼉을 쳤다.
 그때 내가 만약 아들의 등을 쳐 일으켜 세우지 않았다면 그는 아마 더 친구들에게 붙들려 시달림을 당했을 게 틀림없었다. 그래도 종태는 더 캐묻지 못한 게 못내 아쉬운 듯 잔을 비우면서 혀끝을 차댔다.
 사람이 죽는다는 것은 무엇일까. 죽었다고 모두 사라지는 것은 아니었다. 이 세상에서 실체는 사라지지만 살아 있는 사람들의 입에서는 계속 그 허상의 이름이 실체처럼 오르내리게 마련이었다. 정상청이 그랬다. 죽은 그는 분명 없어진 게 사실이지만 그의 이름 석 자는 앞으로도 두고두고 친구들이 술을 마시는 동안에는 계속 살아 안주처럼 씹힐 게 틀림없었다.

4

내가 다시 지선빌딩을 찾은 것은 정상청이 죽은 지 6개월이 지나갈 무렵이었다. 그동안 나는 예수가 구주라는 것을 모르고 죽은 그를 구원하지 못했다는 자괴감에 빠져 자신의 무능을 스스로 꾸짖고 있었다. 그런 사람 하나 구원하지 못하면서 과연 목사라고 할 수 있을까. 그날도 그런 셈이었다. 조반을 먹고 무력중에 빠져있던 내 머리에 문득 떠오른 것은 정상청 대신 그의 아들을 전도해야겠다는 생각이었다. 생각이 거기에 미치자 그사이 지선빌딩이 어떻게 변했는지 궁금증이 일기도 했다. 쇠뿔도 단김에 빼랬다고, 나는 곧장 성경 가방을 들고 집을 나섰다. 저릿저릿한 다리가 발길을 붙잡았으나 나는 개의치 않았다. 이번만큼은 결단코 실패하지 않으리라. 지선빌딩을 향해 가면서 나는 다짐하고 또 다짐했다. 자기의 육체를 위하여 심는 자는 육체로부터 썩어질 것을 거두고, 성령을 위하여 심는 자는 성령으로부터 영생을 거두리라…….

지선知善. 정상청은 그게 무슨 뜻이냐고 묻자 커다란 목소리로 자랑스럽게 말했다. 알 지에 착할 선. 착한 것을 안다. 다시 말하면 이 빌딩에 들어오는 사람들은 착하지 않아도 모두 곧 착한 게 뭔지 깨닫게 된다는 뜻이야. 너는 목사라면서 그것 하나도 모르냐? 모르면 좀 배워라. 그는 마치 나를 능멸하듯 키득키득 웃었다. 내가 그걸 왜 모를까. 그러나 내가 알고 싶은 것은 그게 아니었다. 그가 분명히 그걸 알고 작명했다면 먼저 그에 버금가는 실천을 보이는 게 마땅하지 않은가. 나는 그것을 듣고 싶은 것이었다. 가을이 되면 늘 가로수로 심은 은행나무에서 은행과 노란 이파리가 빌딩 주변에 수북이 쌓여 지저분했다. 퀴퀴하고 구릿한 냄새가 사방에 진동했다. 그러나 나는 그가 그것을 치우는 것을 한 번도 본 적이 없었다. 그는 구청이나 행복복지센터에 민원을 넣어 환경녹지과에서 나와 치우도록 했다. 그래도 고맙다는 인사 한마디 건네지 않는 그를 향해 내가 물으면 그는 개들은 응당 해야 할 일 한 거야, 이딴 거 하지 않으면 누가 월급 그냥 주겠냐, 하면서 오히려 나에게 눈총을 주었다. 그러니까 나는 결국 그의 입에서 죽을 때까지 고맙다, 감사하다고 하는 말을 듣지 못한 셈이었다.

입춘이 지났으나 옷깃을 파고드는 바람은 여전히 한겨울처럼 차가웠다. 그 사이 지선빌딩은 변한 게 하나도 없었다. 컨테이너 관리실도 6개월 전과 다름없이 주차장 한구석을 여전히 차지하고 있었으며, 회색 페인트가 벗겨져 녹슨 출입문도, 지붕 위에 올려놓은 깨진 슬레이트와 피브이시 파이프 조각도 모두 그대로 있었다. 달라졌다는 것은 출입문 앞에 검은 플라스틱 의자를 꺼내놓고 앉아 날마다 드나드는 세입자들의 차량을 관리하며 전선을 벗기던 정상정 대신 그 자리에 그의 아들이 앉아 있다는 것뿐이었다. 아들은 그사이에 살이 더 찐 듯했다. 면장갑을 끼고 톱으로 각목을 자르던 그는 내 얼굴을 보자 반갑게 웃었다.

어쩐 일이세요?

자네 얼굴 보려고 왔지.

나는 확인하지는 않았지만 그가 죽은 정상청 대신 지선 빌딩의 관리소장을 맡은 것이라고 직감했다. 그럼 그렇지. 그렇다면 종태의 호언장담은 물 건너간 게 틀림없었다. 내가 관리실 문턱에 엉덩이를 걸치자 그는 비로소 작업을 중단하고 일어섰다.

커피 한 잔 드려요?

톱을 거두면서 그가 나를 힐끗 돌아보았다. 나는 깜짝 놀랐다. 커피라니……. 그 소리는 이 빌딩에 발을 디딘 이후 처음 듣는 말이었다. 정상청이라면 내가 왔다고 자신이 하던 일을 중단하지도 않았을 뿐만 아니라 언감생심 커피 같은 말은 입에도 올리지 않았을 것이었다.

나는 그가 건네주는 종이컵을 받아들고 그를 자세히 살펴보았다. 덩치는 아버지를 닮아 남산만 했으나 늘 핀잔받던 것처럼 마음은 어딘지 모르게 여려 보였다. 그러나 지능지수가 떨어진다고 정상청이 입버릇처럼 내뱉던 것은 느껴지지 않았다.

커피 맛이 어떠세요?

좋은데.

나는 종이컵을 두 손으로 감쌌다. 날씨가 차가운 탓일까, 종이컵은 물론 커피도 따듯했다. 인스턴트커피야 그 맛이 어디나 다 비슷할 터이지만 그가 건네준 커피라서 그럴까, 유별나게 달착지근했다.

그 뒤로 납골당은 가끔 찾아가나?

내가 종이컵을 든 채 묻자 그는 잠시 생각하는 듯하더니 이내 머리를 흔들었다. 장례 뒤로는 가보지 않았다고 했다. 나는 머리를 끄덕거렸다. 그러나 왜, 하고 묻지는 않았다. 물을 필요가 없었다. 무슨 이유가 있겠지, 잠시 뒤 빈 종이컵을 구겨 버린 나는 이윽고 가방에서 4영리에 관한 소책자를 꺼냈다.

이런 책 본 적 있나?

내가 건네준 책자를 받아든 그는 어리둥절한 표정이었다. 이게 뭐죠, 하는 얼굴이 내가 처음 정상청을 만나러 왔을 때와 조금도 다르지 않았다. 이 책은······. 나는 그의 얼굴을 찬찬히 뜯어보며 4영리에 대하여 자세히 설명하기 시작했다. 결론은 하나님이 우리를 사랑한다는 거야. 그래서 에덴에서 쫓겨난 뒤 죄에 의해 지옥에 빠질 수밖에 없는 우리를 구원하기 위하여 이 땅에 외아들인 예수 그리스도를 보내주셨어. 그리고 우리를 위하여 십자가에서 못 박혀 돌아가시게 하셨지. 그러니까 우리가 그분을 믿고 구주로 영접하기만 하면 우리는 그분이 흘린 피로 죄 사함을 받고 천국 백성이 되는 거야······. 나는 혹시라도 드나드는 차량이 말을 끊을 거 같아 비교적 말을 빨리했다. 그러나 그는 거부하지 않았다. 끝까지 듣고도 무덤덤한 표정이었다. 알아들었는지 못 알아들었는지 그 얼굴로는 식별할 수 없었으나 어쨌든 그가 거부하지 않았다는 것만으로도 나는 다행이라고 여겼다. 그렇다면 일차는 성공한 셈이었다. 전도란 그렇게 쉬운 게 아니었다. 항상 긴장해야 했다. 그래도 관계 전도는 좀 나은 편이었다. 노방전도를 할 때는 말을 걸었다가 인격적인 모욕을 당하는 경우도 허다했다. 하긴, 전도가 그렇게 쉽다면 예수님이 땅끝까지 이르러 내 중인이 되라고 하셨겠는가.

　나는 속으로 쾌재를 부르며 시간이 될 때 천천히 읽어 보라고 이르고는 그 책을 건네주었다. 그때도 그는 뜨악한 얼굴을 하고 있을 뿐 아무 말이 없었다. 그래도 정상청처럼 책상 위에 책을 던지지 않은 것은 다행이었다.

　아버지 친구인데 설마하니 내가 자네한테 나쁜 걸 가르쳐주러 왔겠어?

　나는 그의 어깨를 토닥여 주었다. 잘 왔다고 생각했다. 물론 첫술에 배부를 수는 없을 터이지만 정상청이 때와는 달리 몇 번 방문을 거듭하면 열매를 맺을 수 있겠다고 생각했다. 하긴, 나는 다만 전하는 것으로 씨만 뿌릴 뿐, 이를 가꾸고 키우고 열매맺는 일은 하나님께서 하신다고 하였으니 걱정할 필요는 없었다.

　그때였다. 주차장에 하얀 K5 승용차가 미끄러지듯 들어왔다. 그것을 목격하자 그가 용수철처럼 뛰어나갔다. 나는 처음엔 외부 차량이 잠시 주차하기 위해 들어온 모양이라고 생각했다. 그러나 그게 아니었다. 사납게 뛰어나갔던 그가 승용차에서 내리는 서너 명의 사람들을 보자 머쓱한 얼굴로 돌아서는 것을 보고 안면 있는 차량이라는 것을 금방 알게 되었다. 그들은 내리자마자 그를 무시하듯 고개만 한번 까딱하고는 빌딩 안으로 곧장 들어갔다. 나는 문득 그들이 누구인지 궁금했다.
누구야?
그는 대답하지 않은 채 입술에 웃음만 물었다.
누군데, 말없이 돌아왔어?
내가 다시 묻자 그는 마지못한 듯 나를 한번 흘끔 돌아보고는 그냥 부동산업자라고만 간단하게 대꾸했다. 나는 부동산업자들이 웬일일까 하다가 곧 빌딩에 들어 있는 스물여섯 개 업체 가운데 어느 한 곳이 또 이사 가기 위해 부른 것이라고 짐작했다. 정상청이가 살아 있을 적에도 그런 일은 종종 있었다.
그런 경우 정상청은 그것을 기회로 삼곤 했다. 대개 이사 가는 경우는 대부분 다른 빌딩으로 이전하거나 아니면 아예 문을 닫는 경우인데, 그러기 위해서는 어쨌든 집기들이 엘리베이터를 타고 내려오게 마련이었다. 그런 날이 되면 정상청은 누가 시키지 않아도 어김없이 그 앞에 다가가 이러쿵저러쿵 큰 소리로 간섭하면서 쓸만한 집기들을 자기 물건처럼 챙겨 관리실 뒤에 쌓아놓았다. 어디에 쓰려고 쟁여두느냐고 물으면 이게 다 돈이라고 하면서 키득거렸다. 그래도 어떻게 돈이 된다는 것은 알려주지 않았다. 하지만 그런 일이 정상청의 뜻대로 되지 않는 때도 있었다. 간혹 이사 가는 업체가 다른 곳으로 그 집기를 그대로 옮긴다거나 아니면 철거업자한테 일괄해서 넘긴 경우가 그런 셈인데, 그런 날엔 얼굴이 붉으락푸르락해져서 사사건건 시비를 걸기 일쑤였다. 그러다가 정말 실수로 엘리베이터 벽에 조그만 홈집이라도 났다 하면 사생결단할 것처럼 덤비는 통에 이사 가는 업체나 일꾼들은 날벼락 맞듯 하기 십상이었다. 그뿐만이 아니었다. 새로 입주한 세입자가 옥외 간판을 달고자 하면 외벽에 대못 하나 박는 것까지 간섭했다. 특히 돌출 간판은 더 그러했다. 그러다가도 화장실 수도꼭지가 고장 나거나 하수구 배관이 막혔다고 하면 그건 세입자들의 몫이라고 우겼다. 건물주가 하는 것 아니냐고 따져도 소용이 없었다. 그거 갑질 아니냐, 그러다가 고발당하면 곤욕 치를 수 있다고, 한마디 거들면 그는 누구 편드냐고 오히려 나에게 역정을 내며, 그럴 거면 앞으로 찾아오지도 말라고 엄포를 놓았다.

어디가 또 이사 가는 모양이군.

나는 더 묻지 않았다. 물어도 대답할 것 같지 않았고, 또 거기까지 내가 굳이 알 필요는 없었기 때문이다. 그보다는 그들의 출현으로 인해 잠시 중단되었던 전도를 마저 하는 게 나에게는 더 시급한 과제였다.

그 뒤로도 나는 정상청이 살아있을 때처럼 일주일에 한두 번은 꼬박꼬박 지선빌딩을 찾았다. 물론 목적을 가지고 들르는 것이기는 하였지만 아들은 그때마다 무덤덤한 얼굴로 나를 맞았다. 그래도 고마운 것은 정상청처럼 '예수' 말을 꺼내도 손사래를 치지는 않는다는 사실이었다. 그래도 나는 안타까웠다. 목이 말랐다. 이제나저제나 고대했으나 길거리에 피었던 진달래꽃이 다 질 때까지도 전도는 이렇다 할 진전이 없었다. 뜨거워야 할 때가 되었는데 미지근해지지도 않았다.

오늘은 또 무슨 일로?

궁금해서 들렀지, 지난번 내가 준 책은 읽어봤나 하고.

내 입에서 그 말이 나오면 그는 입을 헤 벌리고 웃다가도 금세 얼굴이 굳어졌다. 큰 눈을 슴벅거리며 주차장을 주시하다가 차량이 들어오거나 나가면 덩치에 어울리지 않게 나를 피하듯 재빨리 뛰어나갔다. 그래도 그는 정상청처럼 세입자들과 필요없이 마찰을 빚는 것 같지는 않았다. 정상청이 같으면 바짝 부쳐라, 왜 삐딱하게 대느냐, 운전 실력이 그것밖에 되지 않느냐는 둥, 온갖 간섭을 까탈스럽게 했을 터인데 그는 그렇지 않았다. 수더분하고 고분고분한 편이었다. 그런 면에서 보면 친구들 말대로 세입자들의 숨통이 이제는 조금쯤 트였다고 봐도 될 것 같았다.

꼭 읽어봐. 세상이 다르게 보일 거야.

…….

천국이 어떤 곳이라는 것은 이야기 많이 들었지? 그런데 그 천국을 어떻게 가는지는 모르잖아. 그 길이 그 책에 기록되어 있어. 그러니까 말하자면 그 책은 천국 가는 안내서야.

…….

그는 내가 입이 마르도록 설명해도 이렇다 할 반응을 보이지 않았다. 다만 얘기를 흘려듣고 있지는 않다는 얼굴로 머리를 주억거릴 뿐이었다. 그래도 나는 실망하지 않았다. 정상청처럼 실패할 수 없었기 때문에 더욱 절실했다. 정상청은 내가 이 같은 말을 건네면 나를 보험사 취급하기 일쑤였다. 머리를 설레설레 흔들며 손사래를 쳤다.

그러니까 결론은 나더러 또 천국 가는 보험을 들라고 온 거잖아?

너는 어떻게 복음을 보험이라고 표현하냐.

인마, 그게 그거지, 뭐가 달라. 교회엔 그냥 가나, 가면 돈 내야 할 거 아니냐고? 그래, 말은 그럴듯해, 헌금. 강제성은 없다 이거지. 그렇다고 그게 보험금과 다른 게 뭐가 있어?

그는 내가 복음이란 그것이 아니라고 설명해도 들으려 들지 않았다. 성령에 대한 모독이라고 으름장을 놓아도 콧방귀를 뀌었다. 그런 까닭에 더욱 나는 그의 아들이 예수를 구주로 영접하는, 거룩한 현장을 내 눈으로 꼭 목격하고 싶었다.

5

　장마가 시작되었다. 며칠째 비가 찔끔찔끔 내리고 있었다. 햇빛 보는 날이 드문 탓인지 집안이 온통 끈끈한 습기로 가득 차 있었다. 결국 병원에 들어가 요추관 협착증 수술을 받고 퇴원한 나는 일주일 동안 집에서 무더위와 습기를 쫓으며 쉬고 있었다. 한 달 가까이 보지 못한 정상청의 아들이 궁금했으나 당분간 바깥나들이는 하지 말라는 의사의 지시사항도 있었고, 또 몸을 움직일 때는 아직도 불편을 느꼈기 때문이다.
　수술은 다행히 잘 되었다고 했다. 의사의 말대로 협착증은 그러다가 낫겠지, 하는 건 미련을 떠는 행위가 틀림없었다. 약물치료나 물리치료란 결국 임시방편일 뿐이었다. 그동안 걷기가 불편하거나 다리가 저리고 유난히 무겁다고 느껴질 적마다 그와 같은 보존적 치료를 받은 게 어디 한두 번인가. 물론 수술 후 마취가 깨어났을 때는 많이 고통스러웠다. 또 한 달여 동안 몸이 묶인 듯 자유롭게 움직이지 못하는 데에서 오는 스트레스 또한 참기 어려웠다. 그렇지만 어차피 할 수술이라면 왜 여태 미루었나, 후회가 되기도 했다.
　얼마나 지났을까. 거실 밖에 떨어지는 빗소리를 들으면서 소파에 누운 채 설핏 잠이 든 모양이었다. 요란하게 울려대는 핸드폰 소리에 눈을 떴다. 내 낮잠을 깨운 건 종태였다. 그는 내가 입원해 있을 적에도 음료수를 사 들고 한 번 다녀간 적이 있었다. 수술 경과부터 물은 그는 내가 아직 불편하긴 하지만 곧 좋아지지 않겠느냐고 대꾸해 주자, 암 그래야지, 하며 낄낄거렸다.
　그러나 나는 그가 그것을 묻기 위해 전화를 한 게 아니라는 걸 금방 알게 되었다. 낄낄대던 그는 지나가는 말투로 지선빌딩의 관리실이 없어졌다는 것을 일러주었다. 우연히 그 앞을 지나다가 갑자기 상청이 생각이 나는 거야. 그래서 없다는 건 뻔히 알면서도 옛 생각이 나서 한번 찾아가 봤지. 근데 그 자식이 늘 앉아서 뭔가를 가지고 주물럭거리던 그 관리실이 눈에 띄지 않는 거야. 얼마나 허망하던지……. 그 말을 듣는 순간, 나는 숨이 턱 막혔다. 쇠뭉치로 뒤통수를 한 대 세게 맞은 느낌이었다. 뭐야, 그럼 그 아들은……. 그는 아무렇지 않게 말했지만 나는 아무렇지 않았다. 나는 나도 모르게 소파에서 벌떡 일어났다. 왼쪽 다리가 다시 저리고 당기듯 켕겼으나 나는 상관하지 않았다. 목이 말랐다. 그가 말을 이었다.

관리실이 있던 자리에 검은색 신형 제니시스 팔십이 마치 그 자리가 옛날부터 제자리였다는 양 주차해 있더라고. 그걸 보는 순간, 얼마나 황당하던지.

나는 목소리를 높였다.

아들은 어떻게 되었대?

그건 내가 모르지. 구태여 알 필요 없잖아?

그래서?

그래서는 뭐가 그래서야? 조금 황당했지만 그런가보다, 하고 그냥 돌아섰지.

아니, 넌 궁금하지도 않냐? 상청이가 그 빌딩을 얼마만큼 아꼈는데.

야, 인마. 그게 어디 아낀 거냐? 위세 부린 거지.

그는 다시 낄낄거렸다.

그럼 팔았나?

그럴지도 모르지. 상청이 장례 때 내가 그랬잖아. 그 마누라 살살 웃고 다니는 본새가 예사롭지 않다고.

그는 그걸 알려주려고 전화했다면서 상청이 놈 지금쯤 저세상에서 땅을 치고 있을 거라는 말을 끝으로 통화를 끊었다. 나는 잠시 넋이 나간 사람처럼 거실 밖을 내다보았다. 잠시 그쳤던 빗줄기가 다시 내리기 시작했다. 이번엔 찔끔거리는 게 아니라 소나기처럼 마구 퍼부어대고 있었다. 바람 때문인지 빗줄기는 사선을 긋고 있었다.

소파에서 일어서던 나는 다시 허리를 붙잡고 주저앉았다. 그의 입을 통해 지선빌딩 관리실이 사라졌다는 것은 알았으나 그때까지 꿈을 꾸고 있는 듯 믿을 수가 없었다. 그렇다고 꼭 팔았다고 단정할 수 있는 것도 아니지 않는가. 불법이라는 행정당국의 명령을 어길 수 없어 아들이 스스로 관리실을 폐쇄하고 빌딩 안으로 들어갈 수도 있는 일 아니겠는가. 그와 같은 공분이 날아오고, 공부원늘이 떼거리로 조사를 나오면 마음 약한 그가 정상청처럼 버티지 못할 건 불을 보듯 뻔하지 않은가. 그는 정상청의 아들일 뿐, 정상청은 아니지 않는가. 거기까지 생각하던 나는 나도 모르게 한숨을 길게 뱉어냈다. 오, 하나님!

뜬 눈으로 잠을 설친 나는 다음 날 아침 일찍 그 문제를 직접 확인하기 위해 지선빌딩으로 향했다. 아직 정상이라고 할 수 없는 다리가 걸을 때마다 불편했으나 나는 지팡이를 짚고 조심조심 걸었다. 다행히 밤새 퍼붓던 빗줄기는 조금 가늘어져 있었다.

종태의 말은 사실이었다. 컨테이너 관리실이 눈에 보이지 않았다. 그 곁에 늘 쌓여있던 지저분한 재활용품도, 피브이시관도, 낡은 전선 다발도, 검은색 플라스틱 둥근 의자도 눈에 띄지 않았다. 관리실이 있던 자리에는 낯선 에스유브이 회색 차량이 주차해 있었다. 모두 어디로 갔지? 내 눈에는 그 모든 게 낯설게 느껴졌다. 관리실이 있었다는 사실이 문득 먼 옛날의 기억처럼 어렴풋했다.

그렇다면 아들은 어디로 갔을까. 한동안 넋을 놓고 있던 나는 잠시 뒤 아들의 행방을 알아보기 위해 건물 안으로 걸음을 옮겼다. 건물 안은 변한 게 하나도 없었다. 지하층의 '알파' 문구 할인점도 그대로였으며, '김밥천국'과 '폰싸다구' 핸드폰대리점, '모야모야' 커피점이 문을 열고 있는 1층도 성업 중이었고, 단과 입시 전문학원이 여럿 들어 있는 2층과 3층, 4층, 그리고 5층의 '창조' 미술학원을 비롯해 6층의 '르하임' 스터디카페까지 모두가 그대로 문을 활짝 열고 있었다. 엘리베이터 앞은 오전인데도 오르내리는 학생들로 문전성시를 이루고 있었다. 학생들의 틈에 끼어 잠시 로비에서 머뭇거리던 나는 곧 한 손에 우산을 든 채 종종걸음으로 들어서는 이 층 '마티체' 수학 전문학원의 송 원장을 발견했다. 잠시 머뭇거리던 그는 바쁜 듯 엘리베이터가 금세 내려오지 않자 비상계단 쪽으로 몸을 돌렸다. 나는 계단을 오르려는 그를 서둘러 붙잡았다. 그는 내가 누군지 처음엔 기억하지 못하는 것 같았다. 하지만 내가 정상청을 끄집어내자 그는 곧 굳었던 얼굴을 풀었다. 다행히 그는 2년 전 겨울 주차 문제로 정상청과 다툴 때 내가 나서서 말려준 것을 기억하고 있었다.

나는 머뭇거리지 않고 물었다.

관리실이 없어졌던데, 혹시 어찌 된 일인지 아시나요?

그는 머리를 끄덕거렸다. 근데 그걸 왜 묻느냐는 듯 나를 쳐다보았다. 저린 다리 때문에 나는 약간 몸통을 왼쪽으로 기울인 채 다시 물었다.

무슨 일 있었나요?

그러자 그는 아직 그것도 몰랐냐는 듯 곧바로 짧게 대꾸했다.

팔렸어요.

에에?

얼마 전 세입자들이 새 건물주와 임대차계약서를 다시 작성했으니까요. 다행스러운 점은 새 건물주가 보증금이나 임차료를 인상하지 않았다는 거예요. 전 건물주 같았으면 또 올려달라고 했을 게 뻔한데…….

그럼, 혹시 전 건물주가 죽은 다음 관리실을 지키던 그 아들 행방은 아시나요?

그것까지는 제가 알 수 없죠.

그는 아무렇지 않게 대꾸하고 바쁘다는 듯 계단을 뛰어 올라갔다.

나는 갑자기 심장이 멎는 것 같았다. 그렇다면 수술하기 전 내가 목격했던 그 부동산업자들은 그 일 때문에 나타난 것일까. 나는 비로소 그 당시 그걸 묻지 않은 것을 후회했다. 물론 그런다고 사실대로 말해 주었을까 싶기도 하지만…….

나는 다시 주차장으로 발길을 돌렸다. 언제 빠져나갔는지 에스유브이 차량은 보이지 않고 그 자리에는 어느새 빨간 소나타가 제 자리인 양 들어와 있었다.

사실 지선빌딩에서 관리실이 없어졌다는 것은 정상청이 영원히 사라졌다는 것을 의미했다. 그런데 웬일일까. 내 귀에는 아직도 관리실이 있던 곳에서 정상청의 거쿨진 생소리와 함께 키득거리던 웃음소리가 환청처럼 들려오는 것 같았다. 야, 인마, 나더러 예수를 믿으라고? 그럴 바엔 차라리 천국 가는 티켓을 사라고 해라.

정상청은 목사끼리 이야기할 때 일컫는 소위 생고구마였다. 생고구마였기에 내가 더욱 열심히 찾아다녔는지도 모를 일이었다. 성경 말씀을 입이 아프도록 떠들어도 소귀에 경 읽기였던 그를 놓고 나는 나름대로 찔까, 삶을까, 구울까, 혼자 상상하며 즐거워했던 것도 사실이었다. 그리고 그것은 그 아들도 마찬가지였다. 그렇다면 그것이 잘못된 것일까. 나는 나도 모르게 목을 움츠렸다.

　주차장에서 걸음을 옮기지 못한 채 나는 한동안 머뭇거리고 있었다. 분명 갈 곳이 있을 것 같은데, 그곳이 어딘지 금방 떠오르지 않았다. 문득 정상청이 죽은 지 어느덧 일 년이 되어간다는 것이 뇌리를 스쳤다. 일 년이 지났는데도 그가 이처럼 문득문득 떠오르는 것을 보면 죽어 이미 실체가 없는 그와의 관계를 이어주는 것은 기억인 듯했다. 그리고 그 기억이 내 머릿속에서 지워지지 않는 이상 정상청은 죽은 게 아니라 아직 살아 있다는 느낌이었다. 그때였다. 핸드폰 신호음이 울렸다. 병호였다. 어디냐고 물은 그는 내가 대답할 틈도 주지 않고 숨가쁜 말투로 지선빌딩이 팔렸다는 소식을 알렸다. 짜아식, 그렇게 될 걸 왜 그렇게 억척은 떨어댔는지 모르겠다. 죽어서도 돈을 이고 갈 줄 알았나. 나는 혀끝을 차는 그의 소리를 들으면서 핸드폰을 닫았다.

　빗물을 튕기며 골목을 잰걸음으로 빠져나가는 학생들의 경쾌한 발소리가 들려왔다. 조잘거리는 그들의 말소리와 웃음소리가 골목을 가득 메우고 있었다.
　잠시 가늘어졌던 장맛비는 다시 세차게 내리고 있었다. ■

[수필]

[수필]

회계會計의 풍경

박 금 아

　오랜 기억 중의 하나는 어장을 했던 우리 집에서 회계를 대던 날의 모습이다. 바다에서는 한 해에 세 번 봄과 가을, 겨울 어장이 열렸다. 어획기에는 배들은 잡은 고기를 부리기 위해 항구로 들어올 때를 빼고는 노상 바다에서 어로작업을 했다. 철이 지나 고기잡이를 접으면 선주와 선원들은 어느 하루 날을 잡아 번 돈을 몫몫이 나누었는데 그날을 '회기날'이라고 불렀다.
　배를 부리거나 식구 중에 배를 타는 사람이 없어도 어촌 주민 대부분은 어장과 연결되어 있었다. 회계 철이면 바닷가 마을은 활기를 띠었다. 장바닥은 장꾼들로 넘쳐나고, 음식점도 목욕탕도 이발소도 손님들로 붐볐다. 학교 근처 구멍가게 앞에도 차례를 기다리는 꼬맹이들의 줄이 이어졌다. 어디서나 회계에 관한 이야기가 오갔다. 수협에서는 어획고 순위를 알렸는데 어판장 곳곳에 벽보가 나붙기도 전에 이번 철에는 누구네 집 배가 일등이고 누구네가 이등이고…, 하는 등등의 소문이 돌았다. 아이들의 입에서도 누구 아빠 배가 돈을 제일 많이 벌었다더라, 하는 말들이 새어 나왔다. 그런 아빠를 둔 아이들은 부러움을 샀고 목소리가 커졌으며 놀이를 할 때도 편이 많이 생겼다.

우리 집에서도 회기날이 가까워지면 며칠 전부터 준비에 들어갔다. 할아버지는 매일 경리 담당 아재를 불러 계산을 맞추었고, 향란 언니는 찬장 깊숙이에 있던 그릇을 꺼내어 닦았다. 어머니는 그날을 위해 갈무리해 둔 먹거리들을 찾느라 어두컴컴한 고방을 뒤졌다.

회기날이면 어머니는 새벽 시장을 몇 바퀴나 돌았다. 장거리들을 수돗가에 펼쳐 놓을 때쯤이면 선원 아재들이 하나둘 마당으로 들어섰다. 할아버지는 새로 푸새한 한복을 차려입고서 아까부터 안방에서 경리 아재와 말을 주고받고 있었고, 향란 언니는 생선을 찌고 매운탕을 끓이고 횟감을 손질하느라 부엌과 수돗가를 분주히 오갔다. 몇몇 선원은 가족도 같이 왔는데 춘식이 아재 할아버지는 섬에서 도선을 타고 매번 왔다. 두루마기에 갓을 쓰고 수염을 길게 기른 할아버지는 부엌 맞은편 툇마루 끝에서 긴 담뱃대를 물고 한마디도 없이 앉아 있다가 회계가 끝나면 돌아가곤 했다.

뱃사람들이 다 오고, 고기를 팔아 맡긴 돈 보자기를 든 은행 직원이 들어서면 회계가 시작되었다. 두꺼운 장부와 큰 나무 주판, 노르께한 종이 띠지로 묶은 돈다발을 가운데에 두고 뱅 둘러앉은 모두는 심각했다. 할아버지가 뱃사람 이름을 부르면, 경리를 보는 아재는 장부에 적힌 이름 칸의 글자와 숫자를 대조해 가며 엄지와 검지로 주판알을 빠르게 튕겼다. 방 안엔 알곡을 찾아 모여든 참새떼처럼 "짹짹짹짹" 하는 주판알 소리만 났다. 계산을 마친 경리 아재가 수판을 밀어 할아버지에게 보이면, 할아버지는 돋보기를 고쳐 끼고서 수판에서 눈을 떼지 않은 채로 액수를 불렀다. 호명된 당사자에게 이번 어장에서 받을 금액이 맞는지 확인하는 절차였다. 대개 선원들은 곧바로 고개를 끄덕이는 것으로 합의했지만, "한번 보입시다예." 하며 확인을 요구할 때도 있었다. 그러면 장부와 주판이 선원과 경리 사이를 두서너 번 오갔다. 마침내 선원이 수긍한다는 뜻으로 끄덕끄덕 고갯짓을 하면 경리 아재는 기다렸다는 듯 몇 번 침을 묻힌 손으로 재빨리 돈을 세어 건넸다. 선원 아재는 받은 돈을 확인차 다시 헤아렸는데 마지막 한 장을 남기고서는 무슨 생각이 스친 듯 엄지를 지폐에 올려 둔 채로 갸웃이 멈추기도 했다. 그러다 얼마 안 가 고개를 무겁게 한 번 더 '까딱' 하며 지폐를 넘기는 것으로 자신의 몫을 인정하는 듯했는데 그 몸짓에서 얼핏 용을 쓰는 느낌이 전해졌다. 계산에 동의한 것인지, 방 안에 흐르는 침묵의 무게를 견디지 못해 나온 행동인지 나는 알 수 없었다.

  이런 방법으로 한 사람씩 셈을 마치고 나면 뱃사람들 앞에는 각각 부피가 다른 돈다발이 놓였다. 선장과 기관사, 음식을 도맡아 하는 화장火匠을 제외한 나머지 선원들은 비슷한 비율로 수익금을 나눴지만, 받은 돈은 차이가 컸다. 선주에게 빌린 돈 때문이었다. 선원들은 선금先金을 받는 것으로 다음 철에 배를 탈 고용 계약을 맺었는데 고기잡이 중에도 생활비가 필요하면 선주에게서 빌려 쓰고 어장을 마친 다음에 갚는 식이었다. 선원들은 선주 이외에 돈을 구할 곳이 없었다. 그때마다 할아버지는 훈계를 길게 했지만, 대개는 금고를 열어 내주었다. 꾼 돈이 많은 선원은 한 철 열심히 일하고도 손에 쥔 돈이 얼마 되지 않았다. 정산을 마친 방 안 풍경은 조마조마한 마음으로 한 학기의 성적표를 받아 든 학교 교실을 떠올리게 했다.

  회계가 끝나면 다음 어장에 탈 선원을 정했다. 누구를 배에 태울 것인가 하는 결정권은 선주에게 있었다. 이번 철에 돈을 많이 받아 가는 선원들은 대개 다음 철에도 배를 탈 수 있었다. 그런 경우, 선급금까지 얹혀 두둑했지만, 배를 못 타게 된 사람들은 그대로였으니 돈뭉치는 차이가 더 벌어졌다. 아재들이 받은 돈은 성적표에 적힌 점수처럼 보였다.

선금까지 다 지급하고 나면 경리 아재는 남은 돈을 세었다. 아직 띠지를 뜯지 않은 묶음도 여럿 남아 있곤 했는데, 다시 보자기에 싸여 밖에서 기다리고 있던 은행원에게 건네졌다. 그 철에 벌어들인 선주 몫으로, 할아버지의 통장 계좌로 들어갈 돈이었다.

은행원이 가고 나면 술상이 나왔다. 어머니와 향란 언니가 고생했다고 정성스레 차린 음식이었지만 아재들은 평소와 달랐다. 할아버지가 "자, 자. 한잔들 해라이." 하며 부어 주는 술잔을 받아 들고도 서로 눈길을 피하는 눈치였다. 배를 타지 못하게 된 아재들은 술잔이 오기 전에 자리에서 일어서기도 했다. 가장 두툼한 돈뭉치를 받은 아재는 웃음을 감추지 못하면서도 미안했던지 몽따듯 실없는 소리를 해댈 때도 있었다. 다른 아재들은 대체로 말이 없었다. 열두어 명 중 돈을 제일 많이 번 아재 한 사람만 행복해 보일 뿐, 나머지 아재들은 만족스러워 보이지 않았다. 분배의 과정은 공정했건만 결과는 불공정한 것처럼 느껴졌다.

뱃사람들이 가고 나면 친척과 동네 사람들이 음식을 나누었다. 어황이 좋을 때는 다른 배의 선주들도 와서 회계 결과를 듣고는 은근히 자신들의 배가 올린 어획고를 흘리기도 했다. 덕담과 웃음소리가 드높은 가운데 하루가 저물어 갔고, 그날만큼은 할아버지 집 식구들 모두 일찍 잠자리에 들었다. 평화로운 밤이었다.

그런데 밤이 깊으면 어김없이 들려오는 소리가 있었다. 누군가 대문을 걷어차며 고래고래 할아버지 이름을 불러 젖히는 소리였다. 낮에 회계를 마친 후에는 순한 인사를 하고 몸을 곱송그리며 떠났던 뱃사람들이 잔뜩 술에 취해서 온 것이다. 이윽토록 동네가 떠나가라 고함을 질러 대는데도 누구 한 사람 조용히 하라고 말리지 않았다. 할아버지의 헛기침에 향란 언니가 몇 번 방문을 여닫는 소리가 났을 뿐이다. 나는 할아버지가 왜 평소처럼 한 번 땡고함을 쳐서라도 호되게 꾸짖지 않는지, 향란 언니가 대문을 열어 주어 남아도는 빈방으로 아재들을 들게 해서 잠을 자게 하지 않는지 궁금해하면서 불편한 밤을 견디었다. 잔칫날처럼 보였던 '회기날'은 그렇게 막을 내리고 있었다.

[수필]

마이산 입산기

원 숙 자

곰티 터널을 지나자 마이산 봉우리들이 올망졸망 이국적인 모습으로 나타났다. 순간 나는 "저 앞에 마이산이 보여요." 하며 소리를 질렀다. 뒷자리에서 정담을 나누던 두 분 교수님은 말씀을 멈추고 몸을 앞으로 숙여 내다보시며 "참으로 신기하구만" "산이 참 잘 생겼어" 하신다. 얼마 남지 않은 고속도로가 길게 느껴졌다.

꽃이 징하게 많아 붙여졌다는, 꽃밭징이 마을로 들어서자 양옆으로 돌산들이 우뚝 솟아 장승처럼 우리를 굽어보며 맞이한다. 구불구불 바위틈 사이로 난 길을 지나가는 내내, 마음이 그리움의 향수로 두방망이질을 친다. 두 분 교수님 역시 신비로움에 홀려 말씀이 없으시고 계속 산세가 아름답다며 감탄만을 연발하신다. 나는 자칭 어려서부터 익혀온 마이산에 대한 가이드가 되어 해설을 시작했다.

마이산은 본래 바다 속에 있었단다. 그래서 물고기들이 파먹어 움푹 진푹 패인 곰보산이 되었다는 속설이 있다. 그래서 그런지 시멘트로

버무려놓은 것 같이 바다 속에서 만들어지는 현무암으로 이루어졌단다.

또 속금산이라 불렀던 마이산은 산신령이었다고 했다. 하루는 하늘의 부름을 받고 승천을 해야 하는데, 남편은 사람들이 잠든 한밤중에 떠나자고 했단다. 그러자 부인은 아이들이 어리니 잠을 좀 재우고 새벽 일찍, 사람들이 일어나기 전에 떠나자고 해서 새벽닭이 울기 전에 아이들을 데리고 떠났단다. 장수 쪽에서부터 걸어가는데 물동이를 머리에 이고 물을 길러 나왔던 여인이 "어머~ 산이 걸어가네." 하고 소리를 지르자, 부정을 타서 지금 그 자리에 멈춰 섰다고 한다. 화가 난 숫마이산은 "애잇~ 여자 말을 듣는 게 아닌데, 당신 때문이야." 하며 아내를 발로 차서 뒤로 나자빠져 비스듬히 누워있는 것이 암마이산이 됐다고 한다. 그리고 남편은 "아이들은 내가 맞겠소." 하면서 한명은 앞에 세우고 둘은 양옆에 끼고 돌아앉았다고 하는 전설이 있다. 그래서 그런지 우리 동네 반월리 쪽에서 보면 숫마이산은 정말 양옆에 둘을 안고 있고, 동네 쪽으로 숫마이산을 닮은 작은 바위가 앞에 꼿꼿이 서있다. 어렸을 적에 할머니께 들은 이야기를 나도 할머니처럼 신나서 들려 드렸다. 겨울에 눈이 내려서 쌓였다가 녹으면 먹물을 찍은 붓을 닮았다 하여 문필봉이라고도 부른다. 그리고 왼편으로 저 높이 바위틈에 자리 잡은 고금당을 소개했지만 시간이 없어 올라가진 못했다.

금강산도 식후경이라고 우리는 산채비빔밥을 먹고 인삼막걸리로 건배를 한 뒤 다시 산행을 시작했다. 교수님은 몇 달을 별러서 오신 터라 아주 좋아하시며 앞서 걸으셨다. 마이산은 내게 있어서 구석구석이 추억거리고 이야깃거리다. 야생화 한 송이라도 그만큼 아름답고 숨은 이야기가 많은 곳이다. 나는 걷는 내내 들려드리고 싶은 이야기가 많았다.

걷다보니 바위산을 한아름 품고 서있는 저수지가 나왔다. 우리는 그 곳에서 사진을 찍고, 벚나무가 터널을 이루는 길을 따라 올라갔다. 웬 관광객 한분이 길가에 떨어진 벚찌를 주워 먹으며, 깨끗하고 건강에 좋은 것이니 그냥 지나가지 말고 주워서 먹으며 올라가라고 하셨다. 그분은 이미 입술이 새까맣다. 우리는 용기가 없어 그냥 지나쳤다.

'탑사'에 도착하니 두 분 교수님은 무척 신기해 하셨다. 내가 어렸을 적에는 더 많은 탑들이 있었다고 설명 하면서, 이갑용처사와 150년 가까이 된 능소화(1885년에 심었다고 함)를 소개했다. 내가 어렸을 땐 바위를 타고 하늘로 올라가는 그 능소화나무를 그네처럼 매달려서 놀곤 했었다고 하자 놀라셨다. 바로 능소화 아래로 작은 2층 초가집이 있어서 떨어질 염려가 없었기 때문에 타잔처럼 줄기에 매달려 놀았다. 지금은 그 2층집은 없어지고 그 자리에 작은 기도실이 세워져 있다. 그렇게 구석구석을 돌아 약수도 한잔 마시고 '천지탑'까지 올라갔다가 내려왔다. 하지만 서두르시는 통에 '은수사' 쪽으로는 올라가보지도 못하고 그냥 내려와야 했다. 실은 마이산도 반밖에 못보고 내려온 것이다. 그리고 내가 살던 마을을 돌아 입구 우거진 숲을 거쳐 마이산 북부에 있는 가위 박물관과 자수 박물관으로 갔다.

교수님은 지금도 말씀 하신다.

"진안이 산골이라 무시했었는데 직접 가보니 대단한 곳이더구만."
"완전히 내 생각을 뒤집어 놓았어. 그 작은 도시에 박물관이 몇 개야. 내가 본 것만 다섯 개나 된당게." 하시며 혀를 내두르신다.

오늘도 교수님은 내 남편에게 그러셨다.

"김장호 선생, 진안이 참 대단한 곳이더구만. 그래서 내가 강ㅇㅇ 의원을 만나서 진안은 작아도 볼거리를 참 많이 만들어서 사람들을 불러들이고 있더라. 고 혔당게". "애궁~ 교수님, 고작 11개 읍, 면, 중에 읍 하나만 보시고 놀라시기는 이르시죠. 아직 못가 보신 곳이 더 많으신데..."

어깨에 '뽕' 좀 세우고, 일부러 '가오' 좀 잡아봤다. 그리고 겨울에 숲으로 우거져서 못보고 온 바위들의 민낯을 보러가자고 약속했다. 아마, 그때도 난 자부심을 가지고 교수님께 마이산의 구석구석을 자랑삼아 신나서 설명할 것 같다. 그리고 그땐 미처 못가 본 곳도 가보자고 조를 것이다. ■

| 평론 |

5·18 소설에서 주체의 문제
-한강 소설 『소년이 온다』의 경우[1]

심영의[2] | 소설가, 문학평론가

1. 항쟁 주체의 문제

이 글에서는 한강 장편소설 『소년이 온다』[3]를 읽는다. 소설의 초점 인물은 소년이다. 그러하니 애초에 이념 따위가 개입될 근거도, 세상에 대한 원망이나 한이 자리할 틈도, 더구나 총을 들고 저항할 여력도 없다. 이 글에서도 여타의 5·18소설과, 특히 관련 연구들에서 그랬던 것처럼, 사건의 발생과 추이와 결말과 그 이후의 서사를 살펴볼 것이다. 다만, 다른 것은, 무엇보다 기왕의 논의에서 놓쳤거나 아니라도 주목하지 않았던 문제 즉, 소설의 인물의 내면에 주목하면서 항쟁의 주체란 누구였는가를 분석할 것이다. 미리 말하자면, 그것은 민초라거나 민중이라거나 무장시민군이 아니라 개개인의 '감정(emotion)' 그러

---

[1] 이 글은 필자의 평론집 『5·18, 그리고 아포리아』(푸른사상사, 2022)에 수록되어 있습니다.
[2] 소설가, 문학평론가. 《창작 21》 편집위원. 소설집 『그날들』, 장편소설 『사랑의 흔적』 『오늘의 기분』 『엔 안의 노래』, 문학평론집 『소설적 상상력과 젠더 정치학』 『5·18, 그리고 아포리아』, 문화연구서 『광주 100년-시장과 마을과 거리의 문화사』 등을 펴냈다.
[3] 한강, 『소년이 온다』, 2014, 창비. 이후 본문의 내용을 인용할 때에는 괄호 안에 인용하는 페이지만 표시하기로 한다.

니까 사건을 마주한 개개인의 감정이 모인 '집합적 감정'[4]이 될 것이다.

바바렛은 "감정적 분위기는 공통의 사회구조와 과정에 연루된 개인들로 구성된 집단에 의해 공유될 뿐만 아니라 정치적·사회적 정체성과 집합행동의 형성과 유지에 중요한 일련의 감정 또는 느낌"[5]이라고 주장한다. 그렇다면 특정한 감정적 분위기는 사람들로 하여금 그에 상응하는 행위를 유도한다고 볼 수 있을 것이다. 1980년 5월, 민중의 (저항)행위를 그런 관점에서 읽어내는 것이 이 글의 의도이다. 물론 '감정'이라는 키워드로 문학작품을 읽어내려는 시도는 오래전부터 있어왔다. 그러므로 전혀 낯선, 새로운 시도는 아니다. 5·18소설을 읽어내는 얼마간 낯선 방식일 뿐이다. 그것은 무엇보다 이후의 5·18소설(들)이 관습화된 광주의 의미를 넘어서서 유의미한 역사적 기억을 재현하기, 그리하여 지금 여기의 우리의 삶을 성찰할 수 있는 계기로 기능하기를 바라는 데 있다.

2. 기억을 말하는 자

죽음을 보았던 자는 죽음의 기억을 짊어진다.[6] 한편 기억은 과거를

---

4) 잭 바바렛, 『감정의 거시사회학』;, 박형신·정수남 옮김, 일신사, 2007, 60쪽. 바바렛은 '배후의 감정'을 논하면서, 이를 감정의 범주에 속하지 않는 것으로 간주되는 감정들이라고 설명한다. 예컨대 감정을 배제하는 도구적 합리성이 구현되기 위해서는, 역으로 도구적 합리성의 실현에 방해가 되는 감정들을 피하게 만드는 특정한 감정들이 필요하다는 것이다. 그러나 이 글에서는 그 둘을 크게 구분하지 않고 사용할 것이다. 자본주의에서는 감정이 이미 도구적 합리성을 파괴하는 것으로 개념된 범주이기 때문이다. '배후의 감정들'은 감정이 아니라 태도(attitude)나 문화의 구성요소 등으로 간주되는 경향이 있기 때문이다.
5) 잭 바바렛 『감정과 사회학』, 박형신 옮김, 이학사, 2009, 15쪽.
6) 정찬, 『광야』, 문이당, 2002, 210쪽.

표상하는 한 양식이며, 과거의 일을 재현하는 능력이다.[7] 그런데 역설적으로 기억과 망각은 항상 함께 작동한다.[8] 기억은 순수한 과거의 재현이 아니라 망각을 동반한 심리적 산물이기 때문이다. 기억은 일차적으로 기억되는 순간의 우연성을 통과하면서 최초로 굴절되며, 나아가 현재와 과거라는 물리적인 간격을 통과하면서 다시 한 번 왜곡된다. 그러므로 기억은 결코 과거를 완벽하게 재현할 수 없다. 이렇게 보면 역사 새로 쓰기나 역사의 새로운 규정 등은 망각하고자 하는 열정에 의해 촉발된, 과거의 기억에 대한 적대적인 구성물이 된다. 그 결과 역사/이야기, 기억은 처음에 지녔던 연속성과 정체성을 상실하게 되는데, 그것은 바로 현재의 관심과 이해에 무게의 중심을 둔 당사자가 시도하는 과거의 추방이다.[9]

한강 소설 『소년이 온다』에서 기억을 말하는 자[10]는, 중학교 3학년 소년 '동호'다. 그러니까 이 소설은 80년 그날, 도청 앞 광장의 광경을 소년의 기억으로부터 호출하는 것으로 시작한다. 소년은 도청 옆 상무관에서 주검들을, 그러니까 진압군에 의해 죽임을 당한 시체들이 관 속에 누워있는 것을 지키고 있다. 소년은, "코피가 터질 것 같은 시취를 견디며 손에 들고 있는 초의 불꽃을 들여다본다."(12쪽) 그는 생각한다. "몸이 죽으면 혼은 어디로 가는 걸까. 얼마나 오래 자기 몸 곁에

---

7) 나간채 외, 『기억 투쟁과 문화운동의 전개』, 역사비평사, 2004, 15쪽.
이해경, 「민요에서의 기억과 망각」, 최문규 외, 『기억과 망각』, 2003, 132쪽. 기억과 망각은 문화 생산의 근본이 된다. 부분적으로는 잊혀지고 부분적으로는 기억되어 전해지는 것을 가지고 과거의 것을 재구성하려는 형식이 기억과 반복이다.
8) 고봉준, 『반대자의 윤리』, 실천문학사, 2006, 356쪽.
9) 조경식, 「망각의 담론, 기능 그리고 역사」, 최문규 외, 『기억과 망각』, 책세상, 2003, 300-301쪽.
10) 오닐(Patrick O' Neill), 『담화의 허구』, 이호 옮김, 예림기획, 2004, 153쪽. 초점화는 '눈으로 보는 것'에 관한 문제이지만, 이와 관련된 시야는 결코 물리적 시야에만 제한되지 않으며, 심리학적 또는 이데올로기적 구성 요소들을 포함할 수 있다는 의미에서 누가 보는가의 문제는 누가 지각하고, 생각하고, 추정하고, 이해하고, 욕망하고, 기억하고, 꿈꾸는가라는 의미로 이해되어야 한다는 것이 오닐의 견해이다. 이 소설에서 소년은 그가 본 기억을 독자들에게 증언하고 있다.

머물러 있을까."(12-13쪽) 소년은, 애초에는, 군인들이 총을 쐈을 때, 친구 '정대'가 그 총에 맞는 걸 동네사람들이 보았다고 해서 여기까지 찾으러 온 거였다. 그러다 "총검으로 목이 베여 붉은 목젖이 밖으로 드러난 젊은 남자의 얼굴을 물수건으로 닦아내고 있던 고등학생 누나의 "오늘만 우리를 도와줄래?" 라는 말 때문에"(15쪽) 여전히 그곳에 남아 있는 것이다.

소년은 그러니까 소식이 없는 친구를 찾기 위해 이 광장에 나온 것이었다. 그것을 우리는 '내부적 충동' 이라고 이름 할 수 있을까. 그러니까 소년이 광장에 나오고 또 계속해서 광장에 남아 있는 일차적인 이유는 죽은 것으로 믿어지는 친구를 찾기 위한 것이다. 그 행위의 이 쪽에는 친구와 함께 했던 경험을 통해 친구에게 느끼고 있는 어떤 '감정' 때문이고, 이처럼 "감정은 행위를 준비하는 데 결정적인 역할을 하며, 행위를 실질적으로 가능하게 한다."[11] 이를 고려하지 않고 어떤 행위자가 단순히 사회문화적 구조에 놓여있다는 것만으로 구조에 '대한' 반응을 총체적으로 설명하는 것은 무리가 있다. 기왕의 소설과 연구에서 항쟁 참여자들의 행위를 진압군에 의한 시민들의 죽임과 이에 '대한' 자동적인 저항으로 해석하고 있는 것은 5월을 풍부하게 해석하는 데 일종의 강박-망상성 장애로 기능한다.

소년과 함께 시신들을 돌보고 있는 어린 두 소녀도 여고 3학년(은숙)과 양장점 미싱사(선주)인 아직 십대의 소녀들이다. 그녀들은 "피가 부족해 사람들이 죽어간다는 가두방송을 듣고 각자 헌혈을 위해 전남대 부속병원에 갔고, 시민자치가 시작된 도청에 일손이 필요하다는 말을 듣고 왔다가 얼결에 시신들을 돌보고 있는"(16쪽) 참이다. 소년

---

[11] 잭 바바렛, 『감정의 거시사회학』, 박형신·정수남 옮김, 일신사, 2007, 119쪽.

과 마찬가지로, 그녀들의 행위에 개입되어 있는 것은 어떤 (저항) '의식'이 아니라 (자연발생적인) 어떤 '감정'인 것이다.

레비나스는 타자에 대한 윤리적 책임과 관련하여, "타자에 대한 책임은 타자의 요청에 의해 내가 타자를 대체하는 것"[12]이라고 말한다. 그에 따르면 휴머니즘의 근원은 타자이며, 이런 휴머니즘 안에서의 책임이 나의 유일성에 대한 중요한 근거가 된다. 이 소녀들의 행위에 대해서도 그런 설명이 가능할까. 레비나스가 말한 타자에 대한 책임은 소녀(소년을 포함한)들의 행위(휴머니즘에 바탕을 둔)를 설명할 수 있는, 어떤 감정과 연결되어 있을까. 감정은 그 자체가 하나의 사회관계 현상이며, 그 관계의 맥락 속에서 사회적으로 구성되는 것(social construction)이다. 사회적 구조와 얽혀있는 감정은 단순한 '느낌'(feeling)이 아니라 '느낌의 규칙들'(feeling rules)이다.[13] 그러니까, 이 소년 소녀들이 광장에 나간 행위를 우리는 타자와의 '연대의 감정'이라고 잠정적으로 규정할 수 있을 것이다.

개인 혹은 공동체의 정체성을 말하는 것은 '누가 그러한 행동을 했는가?', '누가 그것의 행위 주체인가?'라는 질문에 대답하면서 성립된다. '누구?'에 대한 질문에 답하는 것은 한 삶의 역사를 이야기하는 것이다. 그러므로 이야기된 역사는 행위의 주체를 말한다.[14] 거듭 말하지만, 이 소설에서 기억을 이야기하는 자는 소년이다. 소년의 진술에 따르면, 간단한 염과 입관을 마친 사람들이 상무관으로 옮겨지는 것을 장부에 기록하는 일이 그가 맡은 일이었다. 그 과정에서 소년이 이해

---

12) 베른 하르트 타우렉(Bernhard H.F.Taureck), 『레비나스』, 변순용 옮김, 황소걸음, 2005, 236-238쪽.
13) 함인희, 「일상의 해부를 위한 앨리 혹실드의 개념 도구 탐색: "감정노동" 부터 "아웃소싱 자아" 까지」, 『사회와이론』 25, 한국이론사회학회, 2014, 305쪽.
14) 김선하, 『리쾨르의 주체와 이야기』, 한국학술정보, 2007, 138쪽.

할 수 없는 일 한 가지는 다음과 같은 것이다.

> "입관을 마친 뒤 약식으로 치르는 짧은 추도식에서 유족들이 애국가를 부르는 것, 관 위에 태극기를 반듯이 펴고 친친 끈으로 묶어놓은 것도 이상했다. 군인들이 죽인 사람들에게 왜 애국가를 불러주는 걸까. 왜 태극기로 관을 감싸는 걸까. 마치 나라가 그들을 죽인 게 아니라는 듯이."(17쪽)

광장에서는 마이크를 쥔 젊은 여자의 카랑카랑한 음성이 분수대 앞 스피커를 타고 울려온다. 여자의 선창으로 애국가가 시작된다. 무궁화 삼천리 화려강산. 소년은 따라 부르다 말고 멈춘다. 화려강산, 하고 되뇌어보자 한문시간에 외웠던 '려' 자가 떠오른다. 꽃이 아름다운 강산이라는 걸까, 꽃같이 아름다운 강산이라는 걸까? 여름이쪽 마당가에서 자신의 키보다 높게 솟아오르는 접시꽃들이 글자 위로 겹쳐진다. 하얀 헝겊 접시 같은 꽃송이들을 툭툭 펼쳐 올리는 길고 곧은 줄기들을 제대로 떠올리고 싶어서 소년은 눈을 감는다. 그러니까 이 장쪽에서 간과할 수 없는 것은, 진압군에 의해 죽임을 당한 이들의 가족들과 광장에 모인 사람들이 왜 애국가를 부르는가 하는 점이다.

노래는 그 노래를 함께 부르는 사람들에게 정서적 일체감을 공유하게 한다. 기실 "의례는 감정의 형식화된 표현"[15]인 까닭이다. '동해물과 백두산이~' 로 시작하는 애국가가 "서양 선율과 화성으로 만들어진 탓에 우리의 애초부터 정서와 어울리지 않는다거나 그 작곡가의 친일 행위를 문제 삼는다거나 하는 논의와는 별개로 현대에 와서 애국가는

---

15) 잭 바바렛, 같은 책, 84쪽.

분명 억압적인 국가의례와 밀접한 관련을 갖는다."[16] 그것은 국기에 대한 경례로 시작하는 국민의례에서 항용 합창되는 국가주의의 산물인 것이다. 그런데 국가의 군대에 의해 무참하게 살해된 국민들의 주검을 국기로 덮고 애국가를 합창하는 일련의 행위를 우리는 어떻게 설명할 수 있을까.

애국주의와 국민동원체제의 상징적 의례인 애국가 합창에 누구도 시비를 걸지 않았다는 것은 우선, 광장에 모인 사람들의 무의식에 각인된 집단의식의 발현으로 읽을 수 있다. 억압적으로 행해진 국가의례의 자발적 내쪽화 혹은 순응일 것이다. 그렇다면 자국 군대에 대한 무장저항은 그들에게 감당하기 힘든 내적 갈등과 혼란을 겪게 했을 것이다. 그것을 극복하면서 자신들의 행위를 정당화 할 수 있는 기제는 무엇이었을까. 이 글에서는 혹실드의 '감정규칙'이라는 개념으로 이해하고자 한다.

혹실드에 따르면 개인은 일상 속에서 '감정 규칙(feeling rules)'에 따라 자신의 감정을 규제하고 통제하고자 시도한다는 것이다. 이 감정규칙은 사람들이 언제 어디서 어떻게 감정을 느껴야하는지에 관한 정보를 제공해 주는데, 일례로 장례식장에서 우리에게 기대되는 행동은 단순히 슬퍼 보이는 것이 아니라, 실제로 슬픔을 경험해야만 한다는 사실과 유사한 논리다. 이는 행위자들로 하여금 '깊은 행동(deep acting)'을 요구하며, 이를 통해 개인은 다시 사회가 기대하는 바람직한 상태를 만들어 내는 것으로 이해된다.[17] 그렇다면 광장에 모인 사람들은 그 공동체가 암묵적으로 요구하는 바람직한 상태에 자신의 감정

---

16) 이강민, 「〈애국가〉는 과연 '한국'을 대표하고 있는가?」, 『민족 21』, 2012 8월호, 178-179쪽.
17) 함인희, 앞의 글, 305쪽. 이러한 설명은 혹실드의 '감정노동'이라는 개념에서 비롯된 것이지만, 당시 광장에 나간 사람들의 행위를 설명하는 데에도 유용한 관점이다.

을 투사한 것으로 이해할 수 있다. 한편으로는, 애국가를 합창함으로써 시민들의 시위가 북한의 지령이라거나 유력한 호남 출신 정치인의 사주에 의한 것이라는 정부의 공작에 맞서고자 하는 의식적 행위일 수도 있었을 것이다.

오월의 사회과학에서 의미 있는 논의를 제출했던 최정운에 의하면, 대규모 군중이 참여하고 투쟁한 사건에서 모든 사람들이 하나의 동기로 참여한 예는 거의 없다. 개개인은 각자 다른 동기에서 참여하며 투쟁의 와중에 또는 그 이후에 투쟁의 의미를 공통적인 해석을 통해 만들어낼 뿐이다. 5·18의 경우에도 모든 시민들이 하나의 동기로 시위에 참여했다는 것은 비현실적 발상이며, 따라서 5·18을 하나의 원인에서 찾는 것도 현실과 맞지 않은 일이라고 말한다.[18] 그래서 최정운은 사회과학의 관점에서 5·18을 분석하고 있는 정해구의 논의를 빌려 다음과 같은 다섯 가지의 요인들을 제시한다. 그것은 민주주의의 열망과 그를 대변하는 학생운동권, 둘째, 호남차별에 대한 불만과 원한, 셋째, 민중적 저항 운동에 대한 역사와 전통, 넷째, 경제적 구조, 다섯째, 전통적 공동체문화 등이다.

그러나 최정운은 그 각각의 경우에 대한 반론을 통해 그것들이 추상적이고 막연한 이야기임을 역설하면서, "인간의 존엄성을 짓밟는 것에 대한 이성적 분노와 그 분노에 따라 반응하지 못하고 두려움에 도망친 자기 자신에 대한 수치와 분노" 곧 '증오의 감정'을 가장 보편적인 요인으로 정리한다.[19] 앞에서도 언급했던 것처럼 많은 5·18소설(들)은 직접적으로든 간접적으로든 항쟁에 참여했던 이들의 행위의

---

[18] 최정운, 「폭력과 사랑의 변증법: 5·18민중항쟁과 절대공동체의 등장」, 『5·18민중항쟁과 정치·역사·사회』, 2007, 243-244쪽.
[19] 최정운, 같은 글, 255쪽.

동기를 윤리적 분노에서 찾고 있었다. 사회과학에서 해명한 '증오의 감정'과 문학에서 찾아낸 '윤리적 분노'라는 태도(혹은 감정)는 크게 다르지 않은 것이다. 그렇다면 그동안의 5·18소설(들)은 문학과 사회의 구조상동성을 강조했던 골드만의 문학사회학의 논리에 충실했다고 할 수 있다. 우리가 살피고 있는 한강 소설 『소년이 온다』에서 기억을 증언하고 있는 소년은 다음과 같이 말한다.

> 무명천이든 목판이든 갱지든 태극기든, 필요한 것들을 부탁하면 그(소년)는 수첩에 적었다가 하루 안에 구해주었다. 아침마다 대인시장이나 양동시장에서 장을 보고, 거기서 구하지 못한 것들은 시내의 목공소와 장의사, 포목점들을 찾아다니며 구한다고 그는 선주 누나에게 말했다. 집회에서 걷힌 성금이 아직 많은데다, 도청에서 왔다고 하면 헐하게 주거나 그냥 가져가라는 사람이 많아 큰 어려움은 없다고 했다.(19쪽)

그러니까 그 열흘간의 항쟁 기간에 대부분의 사람들은 자발적으로, 직접적으로든 간접적으로든 항쟁에 참여했던 셈이다. 그것은 어떤 대가를 바란 행위는 물론 아니었다. 문순태는 그의 장편소설 『그들의 새벽』에서, 이들의 심정을 "한 번도 사람대접을 받아보지 못한 이들이 도청을 사수하며 처음 받았던 박수, 평등한 세상에 대한 그리움, 인간적 자존심 회복 때문이 아니었을까."라고 짐작한다. 그것을 그들이 받고자 했던 대가라고 할 것은 없겠다. 오히려 앞의 훅실드의 논의에서 이야기했던 것처럼, 사회가 기대하는 바람직한 상태에 부응하고자 하는 감정규칙에 충실했던 것으로 설명할 수 있을 것이다. 그것은 구체적으로 '슬픔과 연민의 감정'이다. 또한 죽음에 대한 '공포의 감정'이다. 사건의 마지막 날, 그러니까 80년 5월 27일 날, 소년은 함께 있는 선주 누나에게 묻는다. "오늘 낮는 사람들은 다 죽어요?"(28쪽) 그것은 극복할 수 없는 죽음에 대한 '공포의 감정' 이외 다른 아무 것도 아니다.

앞에서, 기억은 결코 과거를 완벽하게 재현할 수 없다고 했다. 기억은 망각과 함께 작동되기 때문이며, 그것은 과거의 체험에서 말미암은 원상(trauma)과 관련된다. 소년은 왜 말하는가. 그것은 체험된 사실로부터 말미암은 원상의 회복, 트라우마의 치유를 위해서다. 그러나 적어도 5·18의 상흔에서 완전한 회복이란 없다. 그것은 다음 장에서 살피게 될 소년의 죄의식에서 말미암은 것으로, 그 상흔은 깊고도 깊다.

3. 기억을 듣는 자

아스만은, "우리가 기억을 소홀히 한다 해도 그 기억은 결코 우리를 놓아주지 않을 것"이라고 말한다.[20] 기억은 우리의 무의식 어딘가에 저장되었고 오랫동안 잠복해 있다가 무의식에서 순환할 것이기 때문이다. 이렇게 무의식은 셈하고, 기록하고, 모두 적어두고, 저장하며, 언제든지 그 정보를 불러낼 수 있다.[21] 그런데, 한강 소설 『소년이 온다』에서 기억을 말하고 있는 이는 소년이지만, 그 말을 듣고 있는 이도 소년이다. 그러니까 이 소설은 소년의 사건에 대한 증언이면서 그 자신의 독백이다. 이 주절거림은 사실 원한을 잊고자 하는 정조-감정과 깊은 연관이 있다.

---

20) 알아이다 아스만, 『기억의 공간』, 변학수 외 옮김, 경북대학교출판부, 2003, 같은 책, 540쪽.
21) 브루스 핑크, 『라캉의 주체-언어와 향유 사이에서』, 도서출판 b, 이성민 옮김, 2012, 37쪽.

일반적으로 정신적 외상이라 번역되는 트라우마(trauma)는 "충격적인 체험이 잠재의식에 각인으로 남아, 때때로 무심코 떠올리는 기억으로 드러나서 지독한 정신적 고통을 유발하는 병증"[22]으로 설명된다. 정신분석학은 트라우마가 의식이 일차적으로 망각한 무의식의 부분이라는 것, 그리고 그것은 일정한 계기가 주어지면 반드시 나타난다는 것을 증명했다. 그것은 사진기의 섬광처럼 순간적으로 나타나 신체에 고통의 흔적을 각인시킨다. 니체는, "무엇인가 기억에 남도록 하려면 그것을 낙인으로 찍어 넣어야 한다. 지속적으로 고통을 주는 것만이 기억에 남아 있는 법"[23]이라고 했다. 그리고 그 고통, 즉 기억의 문자는 마음이나 영혼이 아니라 예민하고 연약한 몸의 표면에 기록된다. 니체는 신체에 각인된 인상을 능동적 의무감(양심)으로 받아들이는 기억의 작용을 '의지의 기억'이라고 명명했다.

심상대 단편소설 「망월－望月」[24]은 5·18의 와중에 아들을 잃은 한 어머니의 넋두리를 통해, 그 날에 가족을 잃은 이들의 가슴에 각인된 트라우마와 그것의 해원 가능성을 함께 모색하고 있는 작품이다. 그런데 소설 「망월－望月」은 아들을 잃은 여인－어머니의 넋두리가 마치 무가巫歌 혹은 통과의례로서의 씻김굿과 흡사한 구조와 주제의식을 갖고 있어 흥미롭다. 달 밝은 밤길을 걸어 아들의 무덤을 찾아가는

---

[22] 주디스 허먼, 최현정 역, 『트라우마』, 플래닛, 2007, 17쪽. '외상 후 스트레스 장애'라고도 하며 과도한 위험과 공포, 스트레스 상황에 대한 심각한 심리적 충격을 일컫는다. ≪정신장애 진단 및 통계 편람 4판≫에 따르면, 외상(trauma)이란 심각한 죽음이나 상해를 입을 위험을 실제로 겪었거나 그러한 위험에 직면했을 때, 혹은 타인이 죽음이나 상해의 위험에 놓이는 사건을 목격하였을 때, 이에 대하여 강렬한 두려움, 무력감, 공포를 경험한 경우를 의미한다. 이런 일들은 흔히 전쟁참전용사나, 어렸을 때 성적인 학대를 당한 사람, 그리고 강간을 당한 여성들에게서 흔히 발병하는 것으로 알려져 있다. 허먼은 가정폭력이든 정치적 테러리든 폭력의 메커니즘은 어디에서나 동일하며, 이러한 폭력을 종결짓기 위해서는 인권 운동 같은 정치적이고 공적인 행위의 개입이 절대적으로 필요하다고 주장한다.
[23] 고봉준, 『반대자의 윤리』, 실천문학, 2006. 364쪽에서 재인용.
[24] 심상대, 「망월」, 『늑대와의 인터뷰』, 솔, 1999.

길은 그 자체로 제의의 공간이 된다. 끊임없이 이어지는 여인의 "이제 다 잊어버렸다"는 넋두리는 큰 아들의 죽음으로 인한 한과 죄의식이 그녀의 무의식에 수시로 출몰하면서 강박적으로 호출해낼 정도로 강렬하면서도 폭력적인 트라우마가 된다. 우리가 살펴보고 있는 한강 장편소설『소년이 온다』에서 소년의 이야기는 심상대 소설「망월－望月」에서의 어머니의 넋두리와 매우 흡사한 측면이 있다. 그것은 다시 말하지만, 그날의 기억에서 말미암은 씻을 수 없는 죄의식에서 발원하고 있는 자기 자신에 대한 저주의 감정이다.

　소설의 앞부분에서 소년은, 여기(상무관)에 "왜 왔어?"(13쪽)라고 묻는 교복 입은 누나의 질문에, "친구 찾으려고요."(13쪽)라고 답한다. 그는 군인들이 총을 쐈을 때, 친구 '정대'가 그 총에 맞는 걸 동네 사람들이 보았다고 해서 여기까지 찾으러 온 거였다고 (독자들이) 믿게 만드는 것이다. 그러나 소년이 처음 누나를 만났을 때, 그가 한 말 중 사실이 아닌 게 있었다. 역전에서 총을 맞은 두 남자의 시신이 리어카에 실려 시위대의 맨 앞에서 행진했던 날, 중절모를 쓴 노인부터 열두어 살의 아이들, 색색의 양산을 쓴 여자들까지 인산인해를 이뤘던 저 광장에서, 마지막으로 정대를 본 건 동네 사람이 아니라 바로 소년, 그 자신이었던 것이다. "모습만 본 게 아니라 옆구리에 총을 맞는 것까지 봤다."(31쪽)

　그러나, "지금 나가면 개죽음이여"라고 말하는 옆의 아저씨의 말과 총성과 함께 쓰러지는 사람들을 보면서 소년은 친구 정대의 주검을 향해 달려나갈 엄두를 내지 못했다. 아니, 정적 속에 십여 분의 시간이 흐르고 더이상 군인들의 총소리가 들리지 않자 그때를 기다린 듯, 옆 골목과 맞은 편 골목에서 사람들이 뛰어나가 피를 흘리며 쓰러져 있는 사람들을 들쳐 업을 때도 소년은 정대를 향해 그들처럼 달려나가지 않았다. 소년은 "겁에 질려, 저격수의 눈에 띄지 않을 곳이 어디일까만을 생각하며 벽에 바싹 몸을 붙인 채 광장을 등지고 빠르게 걸었던 것"(33쪽)이다.

그리하여 소년은 친구 '정대'를 잊지 못한다. 정대는 소년의 무의식에 수시로 출몰하면서 강박적으로 호출해낼 정도로 강렬하면서도 폭력적인 트라우마가 된다. 라캉은 '무의식은 언어다'라고 매우 단순하게 진술한다. 어떤 주어진 언어에서 그 언어를 구성하는 요소들 사이에 존재하는 것과 동일한 종류의 관계들이 무의식적 요소들 사이에 존재하는 것이다.[25] 가령 다음과 같은 진술들이 그러하다.

> …… 공부보다 돈을 벌고 싶어 하는 정대, 누나 때문에 할 수 없이 인문계고 입시준비를 하는 정대, 누나 몰래 신문 수금 일을 하는 정대, 초겨울부터 볼이 빨갛게 트고 손등에 흉한 사마귀가 돋는 정대, 그와 마당에서 배드민턴을 칠 때, 제가 무슨 국가 대표라고 스매싱만 하는 정대……." (35쪽) 지금 정미 누나가 갑자기 대문을 열고 들어온다면 달려 나가 무릎을 꿇을 텐데, 같이 도청 앞으로가서 정대를 찾자고 할 텐데, 그리고도 네가 친구냐, 그리고도 네가 사람이냐, 정미 누나가 그를 때리는 대로 얻어맞으면서 용서를 빌 텐데…….(36쪽)

이렇게 무의식은 양심과 죄책감, 혹은 프로이드가 말한 초자아의 형태로 다른 사람들의 말, 다른 사람들의 대화, 그리고 다른 사람들의 목표, 열망, 환상으로 가득 차 있다. 이 소설에서 자신의 기억을 말하면서 듣는 자, 소년은, "아무것도 용서하지 않겠다고, 그 자신마저 용서하지 않겠다."(45쪽)고 말한다. 이것은 치유가 가능하지 않은 원한과

---

25) 브루스 핑크, 같은 책, 33쪽.

저주의 정서-감정이다. 죽은 정대는 죽어서 소년에게 말을 건넨다. 소년은 자신의 기억을 스스로 들어야 할 뿐만 아니라 이제 죽은 친구의 이야기까지 들어야 한다.

이미 죽은 정대는 말한다. "이 낯선 덤불 숲 아래에서, 썩어가는 수많은 몸들 사이에서 아무도 아는 사람이 없다고 생각하자 나는 무서워졌어.(50쪽)" "더 무서워진 건 다음 순간이었어. 두려움을 견디며 나는 누나를 생각했어. ……(그러나) 누나는 죽었어. 나보다 먼저 죽었어. 혀도 목소리도 없이 신음하려고 하자, 눈물 대신 피와 진물이 새어나오는 통증이 느껴졌어."(50쪽) 소설에서, 죽은 자들은 존재하기를 멈췄지만 존재로서 무엇인가를 의미하기는 멈추지 않고 있다. 그리하여 이 무의식적이고 기습적인 기어을 듣는 자 곧, 살아남은 자들에게 끝 모를 죄의식의 감정을 불러일으킨다.

감정에 대한 반응은 행위자가 그 감정의 원인을 어디에 귀인(attribution)시키느냐에 따라서 상이해진다. 심리학자 프리츠 하이더(Fritz Heider)에 따르면 행위자는 특정한 귀인을 내적 요소(개인의 능력)에 결부시키느냐, 아니면 외적요소(운명적인 상황)에 의지하느냐에 따라 '다른' 반응을 나타낸다. 사회학자 테오도르 켐퍼(Theodore Kemper)는 여러 감정 중에서도 '공포'에 대한 행위자의 귀인에 주목했다. 행위자가 공포가 발생한 상황을 외부의 잘못이라고 이해하면, 책임을 추궁할 타자가 뚜렷하게 형성되고 이에 적대적인 반응을 보일 수도 있다. 반대로 그 원인을 주체 스스로에게서부터 찾는다면, 그 공포는 '미약한 자신'이 극복할 수준이 아닌 것으로 인지된다.[26] 따라서 이 소설에서 신념과 자아개념을 구성하는 시기인 아직 어린 소년에게

---

26) 오찬호, 「공포에 대한 동년배 세대의 상이한 반응」, 『한국청소년연구』 제20권 2호, 2009, 369쪽에서 재인용.

이 씻을 수 없는 죄의식은 이중 삼중의 공포와 두려움의 감정을 유발한다. 그러나 심상대 단편소설 「망월-望月」에서의 어머니가 그랬던 것처럼, 한강 소설 『소년이 온다』에서의 소년(들) 역시 상흔의 회복은 가능하지 않다.

소년과 함께 주검들을 수습하던 소녀들 역시 그날의 기억에서 멀리 벗어나지 못한다. 아니 얼마간의 시간이 흘러 소녀는 열아홉 살이 되고 다시 스물넷이 되었으나, 그녀의 삶이란 그날의 기억이 다만 계속해서 이어질 뿐이다. 그날의 진실은 검열이라는 폭압적 현실 앞에 여전히 봉인되어 있고, 총 대신 주먹이 자리바꿈을 하였을 뿐이다. 이제 소녀의 이야기를 듣는 주체는 오늘, 살아남은 우리 모두가 된다. 그래서 그녀와 함께 기억-고통의 진창에서 몸서리치게 된다.

잡지사의 편집부에 근무하는 그녀(상무관에서 소년과 함께 주검을 수습하던 여고생 은숙)는 수배 중인 번역자의 연락처를 대라는 수사관에게 일곱 대의 뺨을 맞는다. 그녀를 때리던 사내의 얼굴은 평범했다. 전체적으로 요철이 없는 얼굴에 입술이 얇았다. 그 평범하고 얇은 입술을 열어 사내가 말했다. "개 같은 년, 쥐도 새도 모르게 죽기 싫으면 내 말을 들어. 그 새끼 어딨어."(67-68쪽) 목뼈가 어긋날 것 같던 충격을 은숙은 잊을 수가 없다.

그녀는 재수 끝에 들어간 대학의 학생식당에서 '학살자 전두환을 타도하라'는 유인물이 뿌려지고, 그 유인물을 들어 올리는 순간 억센 손이 그녀의 머리채를 움켜쥐었던 것을 기억해낸다. 그녀는 뜨거운 면도날로 가슴에 새겨놓은 것 같은 그 문장을 생각하며 회벽에 붙은 대통령 사진을 올려다본다. "얼굴은 어떻게 내면을 숨기는가. 그녀는 생각한다. 어떻게 무감각을, 잔인성을, 살인을 숨기는가."(77쪽) 그러니 이 소설도 여타의 5·18소설(들)이 그랬던 것처럼, 그날에 살아남은 이들의 죄의식이라는 감정을 이야기한다. 문제는 그 죄의식이라는 씻어낼 길이 없는 감정-상흔을 어떻게 할 것인가의 차이일 것이다.

 기존의 5·18 소설(들)은, 가해자의 일원이었던 진압군 역시 권력의 피해자였다는 인식(임철우 장편소설 『봄날』과 이순원 단편소설 「얼굴」)을 통해서, 혹은 가해자와 피해자의 영혼결혼식이라는 화해를 시도하거나(송기숙 장편소설 『오월의 미소』), 자매애적 연대 ― 퀴어 Queer를 통한 새로운 길 찾기(공선옥과 김승희의 소설들)를 모색하고 있다. 이 소설 『소년이 온다』에서의 경우는 어떠한가. 아무것도 용서하지 않겠다고, 그 자신마저 용서하지 않겠다고 다짐하는 것처럼 절대로 그날의 일들을 잊지 않겠다는 것이다. 그것은 섣부른 화해의 모색이 아니라 끊임없는 기억의 갱신을 통해 처음에 지녔던 (기억에 대한) 연속성과 정체성을 상실하지 않겠다는 의지의 표상이다. 은숙은 이제는 출판할 수 없게 된 희곡집에 실려 있는 문장들을 머릿속으로 더듬는다. "당신들을 잃은 뒤, 우리들의 시간은 저녁이 되었습니다. 우리들의 집과 거리가 저녁이 되었습니다. 더 이상 어두워지지도, 다시 밝아지지도 않는 저녁 속에서 우리들은 밥을 먹고, 걸음을 걷고 잠을 잡니다."(79쪽)

 단순한 분노와 불안은 망각을 불러일으킨다. 그에 반해 증오와 복수에의 다짐은 기억을 오히려 강화한다. 누구에게 혹은 무엇에게 감사하다는 마음은 부당함을 겪는 경우나 명예훼손처럼 오랫동안 그렇게 깊이 기억되지 않는다. 하지만 증오와 복수와 관련된 기억들은 결코 퇴색하지 않는다.[27] 한강 장편소설 『소년이 온다』의 인물들의 가슴에 각인된 저 죄의식과 절망과 원한의 감정들은 그렇다면 건강하지 못한 것

---

27) 알라이다 아스만, 『기억의 공간』, 변학수 외 옮김, 경북대학교출판부, 2003, 82쪽.

인가.

　은숙은 "처음부터 살아남으려 했던 것은 아니었다."(87쪽) 그러나, "입을 벌리고 몸에 구멍이 뚫린 채, 반투명한 창자를 쏟아내며 숨이 끊어지고 싶지는 않았다."(89쪽) 그래서 그녀는 살아남았고, 그런 탓에 그녀는 빨리 늙기를 원했다. '빌어먹을 생명이 너무 길게 이어지지 않기를' 원했다. 익숙한 치욕 속에서 그녀는 죽은 사람들을 생각했다. 그 사람들은 언제까지나 배가 고프지 않을 것이다. 그러나 그녀에게는 삶이 있었고, 배가 고팠다. 지난 오년 동안 끈질기게 그녀를 괴롭혀온 것이 바로 그것이었다. "허기를 느끼며 음식 입에서 입맛이 도는 것."(85쪽) 그러니 살아남은 이에게 삶은 치욕이고 형벌일 뿐이다. 건강이라니, 그건 위선이거나 사치의 수사일 것이다.

4. 기억을 기록하는 자

　한강 소설 『소년이 온다』에서 '은숙'은 항쟁의 마지막 날, 도청에서의 동호(소년)의 눈을 기억한다. "마지막으로 눈이 마주쳤을 때, 살고 싶어서, 무서워서 떨리던 소년의 눈꺼풀"(92쪽)을 기억한다. 소년은 아마 죽었을 것이다. 연극배우의 대사를 빌려, "네가 방수 모포에 싸여 청소차에 실려 갔다"(102쪽)고 말하고 있으니까. 그러니까 이 소설에서 '은숙'은 그날의 기억들을 기록하는 자가 된다.

　출판사에서는 수배중인 번역자의 이름 대신, 미국으로 이민 갔다는 편집장의 친척의 이름을 넣어 책을 출간하고, 연극 무대에 올린다. 은숙은 그 책의 서문을 읽으며, 인간은 무엇인가, 인간이 무엇이지 않기 위해 우리는 무엇을 해야 하는가 하는 질문에 빠져든다. "그녀는 인간을 믿지 않았다. 어떤 표정, 어떤 진실, 어떤 유려한 문장도 완전하게 신뢰하지 않았다. 오로지 끈질긴 의심과 차가운 질문들 속에서 살아나가야 한다는 것을 알았다."(95-96쪽)

이처럼 외상 사건은 우리의 기본적인 인간관계에 대해 의문을 제기한다. 가족, 우정, 사랑 그리고 공동체에 대한 애착이 깨진다. 다른 사람과의 관계 안에서 형성되고 유지되는 자기 구성이 산산이 부서진다. 인간 경험에 의미를 부여하는 신념 체계의 토대가 침식당한다. 자연과 신성의 질서에 대한 피해자의 믿음이 배반당하고, 피해자는 존재의 위기 상태로 내던져진다.[28] 한편 그와 같은 은숙의 진술은 기억을 기록하는 자의 책무에 걸맞다. 근대적 주체는 본질적으로 관찰자다. 관찰자가 되는 인간은 자신의 주변 세계를 자기 자신처럼 객관화한다. 관찰하는 자는 시간의 강을 넘어선 사람이다.[29] 그녀가 출판사의 편집부에서 일하고 있는 것은 우연이 아니다. 그녀가 살펴보고 있는 번역본의 서문은 이러하다.

> 군중의 도덕성을 좌우하는 결정적인 요인이 무엇인지는 아직 밝혀지지 않았다. 흥미로운 사실은, 군중을 이루는 개개인의 도덕적 수준과 별개로 특정한 윤리적 파동이 현장에서 발견된다는 점이다. 어떤 군중은 상점의 약탈과 살인, 강간을 서슴지 않으며, 어떤 군중은 개인이었다면 다다르기 어려웠을 이타성과 용기를 획득한다. 후자의 개인들이 특별히 숭고했다기보다는 인간이 근본적으로 지닌 숭고함이 군중의 힘을 빌려 발현된 것이며, 전자의 개인들이 특별히 야만이었던 것이 아니라 인간의 근원적인 야만이 군중의 힘을 빌려 극대화된 것이라고 저자는 말한다.(95쪽)

---

28) 주디스 허먼, 같은 책, 97쪽.
29) 아스만, 같은 책, 120-121쪽.

위의 진술―서문을 통해 우리는 항쟁에서의 참여자―주체들의 행위를 규제했던 것은 일종의 집합감정(혹은 배후감정)이었음을 확인할 수 있다. 이 글의 서문에서 언급했던 것처럼, 바바렛은 "감정적 분위기는 공통의 사회구조와 과정에 연루된 개인들로 구성된 집단에 의해 공유될 뿐만 아니라 정치적·사회적 정체성과 집합행동의 형성과 유지에 중요한 일련의 감정 또는 느낌"이라고 주장한다. 광장에 나왔던 군중들이 함께 공유했던 기억들은 그들에게 친밀성과 정체성의 경계를 같이 하도록 요구한다. 반복되는 죽음과 죽임의 체험을 통해 사람들은 연대의 감정(feeling of solidarity)―'우리 모두가 여기에 함께 있다. 우리는 어떤 것을 공유하고 있음에 틀림없다.'는 느낌―을 산출한다. 그리고 마지막으로 그것은 집합기억(collective memory)―'우리 모두가 거기에 함께 있었다.'―을 산출한다.[30] 경험한 것과 기억되어 있는 것은 이렇게 정체의 이름으로 이루어진 항쟁에 참여한 행동이다.

사복형사로 짐작되는 남자들 서넛이 객석에 흩어져 앉아 있는 가운데 연극은 시작된다. 꿈속처럼 느린 걸음으로 남자들(배우들)의 모습이 사라졌을 때, 여자(배우)가 말하기 시작한다. "당신이 죽은 뒤 장례식을 치르지 못해, 내 삶이 장례식이 되었습니다."(99쪽) 공포와 증오와 원한의 감정 말고 달리 어떤 감정이 그날에 살아남은 이들의 정서를 대표한다고 말 할 수 있을까. 이렇듯 "그들의 죽음은 산 자에게 현재의 삶을 바라보게 하며, 삶의 존재 증명을 위해 다시 기억을 떠올리게 한다. 산 자에게 타인의 죽음을 대하는 태도를 선택하는 일은 자신의 존재방식을 결단하는 일이기도 하며, 타인의 죽음은 그 사람과

---

30) 바바렛, 같은 책, 85-86쪽.

나의 관계를 새롭게 정립하게 함은 물론이고, 자신의 주체를 이전과는 다르게 구성해 나가게 하는 힘이 되기도 한다."[31]

그러나 그날에 살아남은 자들이 무슨 수로 자신의 주체를 새롭게 구성해 나갈 수 있을 것인가. 그들은 과거의 기억에서 한 발자국도 미래를 향해 나아가지 못한다. 아니 나아갈 수가 없다. 한편 이 소설에서는 체포되고 갇혀있던 이들의 배고픔에 관한 기억이 여전히 문제가 된다.

"꺼진 눈두덩에, 이마에, 정수리에, 뒷덜미에 흡반처럼 끈질기게 달라붙어 있던 배고픔. 그것들이 서서히 혼을 빨아들여, 거품처럼 허옇게 부풀어 오른 혼이 곧 터트려질 것 같던 아득한 순간들을 기억합니다."(106-107쪽) 이 진술은, 그날 상무관에서 주검들을 수습하던 대학생 김진수와 함께 상무대 영창에서 지냈던 스물세 살 먹은 교대 복학생의 기억이다. 지난 오년 동안 끈질기게 은숙을 괴롭혀온 것이 "허기를 느끼며 음식 입에서 입맛이 도는 것"이라 했거니와, 이렇게 인간 존재는 우리가 의식하지 못하는 무의식의 심연에서 발원된 욕망이나 두려움에 의해 동기가 부여되거나 행동이 유발된다. 무의식은 고통스러운 경험과 감정의 저장고다.[32]

받아쓰기로서의 기록자는 '양심'에 관해 적고 있다. 그날 도청에 마지막까지 남았던 이들은 물론, 군인들이 압도적으로 강하다는 걸 모르지 않았다. 다만, 이상한 건 그들의 힘만큼이나 강렬한 무엇인가가 그들을 압도하고 있었다는 것, 그것을 이 소설에서는 '양심'이라고 기록하고 있다. 정찬은 그의 소설 『광야』에서, "그들이 죽음을 초월했던 것은 인간의 존엄성을 부정하는 세계를 용서할 수 없었기 때문"이었

---

31) 서혜지, 「주체의 상실과 소통을 통한 존재의 발견」, 『현대문학이론연구』 51권 0호, 현대문학이론학회, 2012, 264쪽.
32) 한승옥, 「〈무정〉에 나타난 '친밀감의 거부' 방어기제」, 『현대소설연구』, 제35호, 2007, 106쪽.

다고 적고 있음을 앞에서 보았다. 결국 같은 이야기다. 그날에 광장에 나왔던 사람들은, 그래서 죽음/죽임을 당했거나 운 좋게 살아남았던 사람들은 민주주의라거나 민중봉기라거나 하는 관념이나 개념에 의해서라기보다는 공통의 느낌 구조(그것이 양심이든, 윤리적 분노이든)에 의해 서로의 관계를 보다 더 잘 인식-기억할 수 있는 것이다.

이제 남는 것은 무엇인가. 다음과 같은 기록을 통해 우리는 그날의 참혹했던 기억을 이야기하고, 듣고, 기록하는 것의 참된 의미를 찾아볼 수 있을 것이다.

> 어떤 기억은 아물지 않습니다. 시간이 흘러 기억이 흐릿해지는 게 아니라, 오히려 그 기억만 남기고 다른 모든 것이 서서히 마모됩니다. …… 베트남전에 파견됐던 어느 한국군 소대에 관한 이야기도 들었습니다. 그들은 시골 마을회관에 여자들과 아이들, 노인들을 모아 놓고 모두 불태워 죽였다지요. 그런 일들을 전시에 행한 뒤 포상을 받은 사람들이 있었고, 그들 중 일부가 그 기억을 지니고 우리들을 죽이러 온 겁니다. 제주도에서, 관동과 난징에서, 보스니아에서, 모든 신대륙에서 그렇게 했던 것처럼, 유전자에 새겨진 듯 동일한 잔인성으로.(134-135쪽)

> 저는 그 폭력의 경험을, 열흘이란 짧은 항쟁 기간으로 국한 할 수 없다고 생각합니다. 체르노빌의 피폭이 지나간 것이 아니라 몇십 년에 걸쳐 계속되고 있는 것과 같습니다.(162쪽)

그것은 과거의 기억을 잊지 않는 것, 과거를 직시하는 것, 그 참혹한 기억이 지나간 이야기로서의 과거일 뿐만 아니라 현재에도, 그리고 미래에도 여전히 유효한 의미를 담고 있다는 것, 무엇보다 광주를 넘어 우리를 억압하는 모든 폭력적인 것에 대한 저항과 연대가 그날의 죽음의 의미를 헛되이 하지 않는다는 것으로 수렴된다. 기실, 이야기하기를 통한 과거 회상은 삶의 중요한 고비마다 행해지는 제의의 일상적 기능이라 할 수 있을 것인데, 제의의 반복성은 인간 삶의 보편성과 본질적 측면을 보여준다. 그것은 또한 과거를 비판적으로 분석하고 개인의 심리적 억압기제를 분석, 치료하기 위해 중요한 의미를 갖는다.

허먼에 따르면, 트라우마의 치유는 악이 전적으로 승리할 수는 없었음을, 그리고 치유를 가능케 하는 사랑이 여전히 세상 속에 존재한다는 희망에 기반하고 있다. 그러나 또한 허먼은, 외상의 완결에는 종착지가 없다고 말한다.[33] 그러나 우리가 살펴보았던 한강 소설 『소년이 온다』의 경우, 외상의 치유를 말하지 않는다. 오히려 그것과 맞설 것을 힘주어 강조하고 있을 뿐이다. 그것은, 부연하자면, 「타자로서 자기 자신」에서 리쾨르가 강조하듯이 어떠한 단계(혹은 상황)에서도 '자기'는 그의 타자와 분리되는 않는, 즉 윤리적이고 도덕적인 주체로서의 역할을 감당해야 마땅하다는 것이다.

5. 다시 '주체'의 문제

이 글에서는 5·18소설(들), 특히 한강 장편소설 『소년이 온다』를 읽으면서 항쟁의 주체란 누구(혹은 무엇)인가를 살펴보았다. 그날 광장에 나갔던 행위 주체(들)은 홍희담 중편 소설 「깃발」에서처럼, 각성된 (여성)노동자일 수도 있다. 아니면 임철우 장편소설 『봄날』이나 문순태 장편소설 『그들의 새벽』이나 정찬 장편소설 『광야』에서처럼, 전

---

33) 아스만, 같은 책, 351쪽.

두환이 누구인지조차 몰랐던 이름 없는 민초들이었을 수도 있다. 대부분의 5·18소설들이 대학생 그룹을 비롯한 지식인 계층의 배반이라는 관점에서 접근하고 있는 것과는 달리, 류양선 장편소설『이 사람은 누구인가』에서는 예술가를 비롯한 지식인의 죄의식을 행위 주체의 자리에 놓기도 한다. 문제는 그러한 관점들이 개개인의 다양한 이해와 참여 동기를 무시하고 단일한 구도로 그날을 기억하게 함으로써 기억과 역사를 전적으로 동일하게 보는 오류에 빠질 수 있다는 점이다. 회상된 기억이 정체성의 문제와 연결되지 않을 때, 그 기억이 지금 우리에게 어떤 의미를 주는가 하는 문제를 고민하지 않을 수 없는 것이다.

이 글에서 읽었던 한강 장편소설 『소년이 온다』에서도 여타 5·18소설(들)이 그랬던 것처럼, 그날의 참혹한 죽음/죽임에 대해 이야기 한다. 그러나 그 진술들이 요란하지 않고 우리의 마음에 깊은 울림을 주는 까닭은, 기억을 이야기하는 자와 듣는 자, 그리고 그것을 기록하는 자가 결국 동일인이기 때문이다. 그(혹은 그녀)는 "인간을 믿지 않았다. 어떤 표정, 어떤 진실, 어떤 유려한 문장도 완전하게 신뢰하지 않았다. 오로지 끈질긴 의심과 차가운 질문들 속에서 살아나가야 한다는 것을 알았다."고 참혹했던 기억에서 빠져 나오지 못하고 있다. 그리하여 그(혹은 그녀)는 다른 사람과의 관계 안에서 형성되고 유지되는 자기 구성이 산산이 부서지고, 인간 경험에 의미를 부여하는 신념 체계의 토대가 침식당하며, 자연과 신성의 질서에 대한 피해자의 믿음이 배반당하고, 존재의 위기 상태로 내던져지고 있다. 그럼에도 불구하고 이 소설의 그(혹은 그녀)는 여타의 5·18소설(들)이 그랬던 것처럼, 섣부른 화해를 이야기하지 않는다. 화해라니. 누구에게 화해를 이야기한단 말인가. 인간 심층에 똬리를 틀고 있는 저 잔인한 폭력성과 어떻게 화해가 가능할 수 있는가. 그러니 이 소설은, 그날의 참혹했던 기억들을 잊지 않는 것, 과거를 직시하는 것에 바쳐지는 헌사가 아닐 수 없다.

보다 더 중요한 것은, 여타 5·18소설(들)과는 달리 이 소설『소년이 온다』에서는 그날 광장에 나가 죽었거나 운 좋게 살아남았던 이들을 영웅이라거나 전사의 이름으로 호명하고 있지 않다는 점에 있다. 그들을 함께 묶을 수 있었던 원동력은 민주주의에 대한 갈망이라거나 저항의 역사를 되살린다거나 하는 관념적인 것이 아니라 단지 인간에 대한 존엄, 그리고 충격과 분노라는 감정의 공유 곧, 공통의 느낌 구조(그것이 양심이든, 윤리적 분노이든)에 의해서라는 것의 확인에 있다. 물론 행위 주체가 인물인가, 인물의 행위를 추동하는 감정인가의 논의가 이 글에서 충분하게 이루어진 것은 아니다. 다만, 소설의 인물의 내면에 주목하면서 항쟁의 주체란 누구였는가와 관련한 질문을 통해 그것이 민초라거나 민중이라거나 무장시민군이 아니라 개개인의 '감정(emotion)' 그러니까 사건을 마주한 개개인의 감정이 모인 '집합적 감정' 이라는 점을 강조한 데 이 글의 특징이 있다고 본다. ■

| 평론 |

수양버들과 사랑·우정에 대하여

염선옥 | 시인, 문학평론가

"성좌에도 이름을 붙이곤 하던 우리의 습성"(김창석, 「불가시의 실재 시간, 그 구명을 위한 노력과 결과」, 마르셀 프루스트, 『잃어버린 시간을 찾아서』, 국일미디어, 1998, 266쪽)은 대상과 세계를 이해하려는 인간의 습속일 뿐이다. 우리는 갖가지 이름과 서로 엇갈리는 지식을 쏟아내며 세계와 대상을 전면화하려 하지만, 세계와의 관계는 실패하고 '앎'은 동적이기보다 텅 빈 '몸'에 정적인 상태로 보존될 뿐이다. 이는 세계나 대상과의 관계를 주로 시선에 의지하고 얇은 정신의 가두리로 물상의 가장자리를 둘러쳤기 때문일 것이다. 우리는 직접 그 사물의 실질에 손대지 못한다. 실재는 손대기에 앞서 증발하거나 심연에 가라앉아 적절한 관계 맺음에 실패하기 때문이다. 관계 맺음이란 가까이 다가선다고 형성되는 것이 아니라 오히려 관계 맺지 않음 속에서 형성되는 것이다.

당송 시대 문인들의 시를 엮어 한시 짓는 법을 가르치기 위한 예문집 『당송구법唐宋句法』에는 두보杜甫, 이백李白, 한유韓愈, 진도陳陶, 허혼許渾, 장려張侶 등의 여러 작품이 수록되어 있다. 송별시送別詩를 비롯한 곳곳에 버드나무楊柳 비유가 나오는데, 고전문학 수업 중 왜 문인들은 이별의 상징으로 '수양버들'을 택할까를 잠시 생각해 본 적이 있었다. 수양버들의 학명(學名)인 Salix babylonica는 구약성경의 시편 137편에서 빌려왔다고 한다. 한 시인이 옛 예루살렘을 기억하면서 바벨론 강가에서 부르는 시온의 노래로 이스라엘 백성으로서 나라 잃은 백성의 한과 슬픔을 대변하여 준 시로, 시편 137편의 하이라이트는 "백성들이 바벨론 여러 강변 거기에 앉아 시온을 생각하며 울었도다/그 중의 버드나무에 우리가 우리의 수금을 걸었나니…(중략)…노래하라 함이로다" 하는 부분이다. '애도'와 '울음'의 상징이 된 수양버들을 'Babylon Willow'이자 'Weeping Tree'라고 부르는 데 그 이유가 있는가 보다. 버드나무가 슬픔의 대명사가 되어 그럴 수도 있고, 「공무도하가」에서처럼 물가에서 이별하는 일이 있어서인지는 모르겠지만, 수양버들의 꽃말이 사랑의 슬픔이라는 점에서 동서양의 정서는 참으로 닮았다고 할 수 있다. 물가에 잘 어울리는 관상수이기 때문에 강가나 호숫가 주위에 자주 모습을 보이는 수양버들은 추운 겨울과 이별하고 연노랑으로 봄이 왔음을 알리는 존재이다. 수양버들은 강과 호숫가에 자라면서 깊은 뿌리를 물속에 내려 그곳 생명들의 보금자리가 되어주고 수질 정화를 시켜준다. 수양버들은 물과 뭍 경계에서 차가운 조약돌 같은 바람과 부딪치면서도 모두에게 풍경이 되어주고 막힌 삶이 흐르도록 돕는다. 닻이 심연에 닿도록 천천히 밧줄을 드리우듯 자신의 가지를 물가에 미끄러뜨리는 수양버들은 존재만으로도 뭍과 물을 이어주는 어떤 단단한 지점이 된다. 수양버들은 주어진 환경과 생명들과 유기적 조화를 이룬다. 풍경과 생물들을 배려하고 그들과 몸을 하나로 연합하여 하나의 덩어리로서 움직이고 비상하며 함께 헤엄친다. 수양버들의 이러한 자발적 활동은 두 개 혹은 두 개 이상의 존재와의 개별적 움직임이 되면서도 동시에 하나의 덩어리로서 어디와도 결별하지 않는 풍경이 된다는 점에서 상호이해를 수행하는 진정한 공동체인 셈이다.

　주어진 환경 속에서 미세한 어느 세계에도 속하지 않는 듯 보이지만 어느 세계와도 결별하지 않는 수양버들을 떠올린 사상가가 있다. 모리스 블랑쇼는 『우정』 첫머리의 제사로 조르주 바타유의 "공모적 우정"을 실었다. 여기서 말하는 '우정'은 "관계 맺기의 우정이 아니라 관계 맺지 않으면서 관계하는 자유로운 우정"(모리스 블랑쇼, 류재화 옮김, 그린비, 2022, 506쪽)이다. 마치 두 세계의 경계에서 그 어느 쪽에도 지나치게 상관하지 않으면서도 두 세계에 배경이 되어주는 강가의 수양버들같이 말이다. 블랑쇼가 『우정』에서 언급하는 이들은 바타유, 말로, 레비스트로스, 뒤라스, 카뮈, 르페브르, 카프카 등으로 이들과 어떤 종속성도, 어떤 일화성도 없는 우정을 나누며 교감할 뿐이다. 그리고 그들에 대해 다 안다고도 하지 않고 내 마음대로 하지도 않는다. 우리는 '지인'을 소개할 때나 어떤 것을 말할 때 너무나 잘 아는 존재로 삼아 말하거나 알은 척을 한다. 그것이 전부가 되기 일쑤이고 그에게 딱 붙은 따개비처럼 견고하게 "구성되고, 조합되고, 적용되고, 재적용"(모리스 블랑쇼, 위의 책, 237쪽)이 되곤 한다. 물론 모리스 블랑쇼가 보기로 삼는 '지인'에 관한 실례는 단순히 사람과의 관계만을 언급하는 것이 아니다. 모든 관계에서 '안다고 하는 것'에 대한 지적이다. 블랑쇼는 안다고 하는 것이 형성하는 관계의 조악함, 심지어 거칠고 과하여 교활하고 악독하기까지 한 것이 바로 우리가 말해왔던 관계성이라고 지적하면서 차라리 "아는 것을 포기해야 한다."라고 말한다. 하나의 세계를 나누어 쓰는 두 존재의 '우정'은 관계 맺지 않으면서도 관계하는 것을 의미한다. 존재뿐만 아니라 시선에서도 적당한 거리를 유지하며 간섭하지 않는 것이 진정으로 '앎'이 되는 방식이다. 이번 시편들은 존재에 대해서도 심지어 죽음 사유에서도 관계를 맺지 않는 방식으로 관계하는 존재들의 '우정'을 파악할 수 있도록 해준다.

흔히 '앎'을 말한다고 할 때 몸에 축적된 고립되고 단절된 지식을 몸 밖으로 배출하는 것을 의미하지만, 신용목의 '말하는 것'은 사유의 항아리에 담긴 고유한 '앎'으로서, 그것은 모든 감각이 마중을 나와 공동체를 이룬 결과물이라는 점에서 '감각 에너지'인 셈이다. 마치 마르셀이 부드럽게 적셔진 보리수 꽃잎 차에 마들렌을 적신 뒤 입술에 가져갔을 때 온몸에 강렬하게 퍼지는 경험처럼, 모든 감각이 협력했을 때 몸 안에 스며 밀봉된 것들은 진정한 '앎'으로 텅 빈 '몸'을 요동하여 매 순간 새로운 삶을 살게 한다. 스치는 바람에 몸을 맡긴 수양버들이 존재와 어떤 공통 정서를 형성하는 것이야말로 누구에게도 포섭되지 않는 고유한 '앎'일 것이다. 마르셀에게 주어진 그 향기로운 정수는 지속적인 감정을 불러일으키고 그에게 마들렌과 홍차는 보편적 앎에서 완전 해방이 되었다. 감각과 경험이 하나가 된 '앎'은 현재와 과거라는 시간의 벽을 벗어나게 했다. 그의 '앎'은 존재와의 '우정'어린 관계나 '사랑'이 없었다면 결코 의미가 되지 않았을 것으로, 이제 사유의 항아리에 담긴 그의 '앎'의 형태는 절대적으로 다른 빛깔과 향기, 온도와 모양을 간직한 채 담겨 있는 것이다.

나는 아들에게,

따뜻한 것을 말한다. 무릎 담요에 대해 모자에 대해 풀밭에 대해 바람에 일렁이는 여름 숲과 여름에

아무도 사랑하지 않았다면

오지 않았을

가을을. 가을이 왔다면 여름 동안 누군가는
사랑을 해서

끝없이 펼쳐진 풀밭 위에 무릎 담요를 펴고 모자를 쓰고 서로를 앞에 두고
서로를 찾는 긴 고독의
여름. 그것은 카드놀이에서 죽은 자의 눈과 가자 지구에서 죽은 자의 눈이 같은 것을 보는 것과 같은
여름, 숲에서 누군가는 사랑을 해서

풀밭이 있고
바람이 불고
가을이

오고, 그것은 카드놀이에서 죽은 자가 다시 패를 돌리고 가자 지구에서 죽은 자가 고향의 폐허를 내려다보는 것과 같이
가고, 아무도 그립지 않았다면

오지 않았을

겨울이 와서, 사랑의 집에서 불을 피우고 바라보면 불은 빨갛게 타고 있는 가을 숲 같은데
하얗게 겨울을 남기는 가을 같은데

아들은 나에게,

차가운 것을 말할 줄 알았으나 무릎 담요를 무릎에 올리고 모자를 벗고 일어서는 풀밭으로 손바닥을 펼치며,

나는 지옥이 불타는 곳이란 사실을 믿을 수 없어요.
이렇게 따뜻해서

언제인지 모르게 여름 풀밭에서 베인 살갗에서 빨갛게 불꽃 같은 것. 언제인지 모르게 내 몸속에서 시작된 가을 같은 것. 언제인지 모르게 내 몸을 하얗게 비워버린 마음 같은 것. 언제인지 모르게

재가 날리고
눈이 와요. 창문으로 달려가는 것. 바라보는 것. 언제인지 모르게

너는 태어나서 자라고
나는 누군지도 모르는

너와 헤어져서 그립다.

— 신용목, 「언제인지 모르게」 전문

    비교적 긴 시편을 인용한다는 부담에도 불구하고 이 작품은 '언제인지 모르게' 우리 곁에 머무는 계절의 의미를 환기하면서도 더 나아가 "말한다"라고 하는 것이 '안다는 것'의 표현일 수는 있지만, 안다는 것이 하나의 감각을 몰입해 얻게 된 결과물이 아니며 지식적인 것도 아님을 일러주고 있는 명편이다. 신용목에게 의미란 "아무도 사랑하지 않았다면" 의미가 되지 않는다는 점에서 '타자의 초대'인 셈이다. 물론 근본적으로 공적 영역과 사적 영역을 통합할 길이 없어 '우

리'는 어쩌면 "탐구가 아니라 … 상상력에 의해 성취되어야 할 어떤"(리처드 로티, 김동식·이유선 옮김, 『우연성, 아이러니, 연대』, 사월의책, 2020, 26쪽) 것이겠지만, '우리'가 출현시킨 의미를 값진 가치로 상정한 신용목의 혜안은 '우리'의 가능성을 드높인다. 그의 화자 '나'는 "아들에게,//따뜻한 것을 말한다. 무릎 담요에 대해 모자에 대해 풀밭에 대해 바람에 일렁이는 여름 숲과 여름에" 대해서 말이다. 따스한 것 가운데 으뜸인 '여름'이 왜 따스했던가를 상기하다가 '나'는 "아무도 사랑하지 않았다면/오지 않았을" "가을을" 깨닫는다. "가을이 왔다면" 그것은 "여름 동안 누군가는/사랑을 해서" '우리'에게 '여름'과 '가을'이 주어져 의미가 되었다는 것이다. '나'에게 따스함은 "서로를 앞에 두고" "끝없이 펼쳐진 풀밭 위에 무릎 담요를 펴고 모자를" 나눠 쓰며 사랑하는 '여름의 과정'을 통과해 얻은 '가을'의 '열매'인 것이다. '나'는 이제 가을이 풍성하고 따스한 여름을 품은 계절이지만 동시에 언 몸을 웅크리고 새로운 '봄(희망)'을 기다려야 하는 겨울을 잉태한 계절임을 안다. 그러나 시인은 겨울을 부정하지 않는다. "가자 지구에서 죽은 자가 고향의 폐허를 내려다보는 것과 같이" 겨울이 오겠지만, 겨울이 온 것 역시 "아무도 그립지 않았다면//오지 않았을" 계절이기 때문이다. '앎'에 대해 대화를 이어가다가 겨울에 이르자 "아들은 나에게" "차가운 것을 말할 줄 알았으나 무릎 담요를 무릎에 올리고 모자를 벗고 일어서는 풀밭으로 손바닥을 펼치며," 따뜻한 것을 말하는 것을 본다. 아들은 아버지 '나'와 함께 '우리'를 이룸으로써 따뜻한 겨울을 맞이하게 된 것이다. 비록 '나'는 "너와 헤어져서 그립"기만 하지만 '우리'가 만들어낸 것들이 시공간을 초월하여 커다란 하나의 의미가 되었음에 '나'의 사유는 도달한다.

부풀었다 작아졌다 바람의 기후였다
오랫동안 눈을 감은 무의미한 시간 속에
불안은 빨간 무릎에서
얼굴을 놓쳐버린다

풀밭에서 다른 내가 너를 바라보며
없는 꽃, 없는 잎 재봉질을 하듯이
기억의 눈동자들이
너의 바깥을 헤맨다

풀밭을 해부하는 에른스트 새장을 안고
봄날의 고양이 눈에 고이는 달빛으로
새들이 거울을 통과할 때
먼 곳만 바라만 봤다

― 배경희, 「새」 전문

『문학의 공간』(모리스 블랑쇼, 이달승 옮김, 『문학의 공간』, 그린비, 2010, 14~56쪽)에서 블랑쇼가 소개하는 '본질적인 말'의 대표 장르는 '시'다. 그에게 시란 화자의 자아에 대한 수기나 에세이가 아닌, 언어가 스스로 말하게 하는 행위란 점에서 언어를 하나의 사물로 다룬다. 그렇기에 시는 인식되기 이전 지각의 영역에 머물며, 무엇을 지시하거나 의미하지 않은 채로 실존한다. 그것은 어떠한 의도, 의미, 내용, 목적도 없이 다만 '고독'하게 자립적으로 서있으며 그 자체로 작품이 된다. 블랑쇼가 말하는 작품의 고독은 무한한 정신으로 우리의 사유를 이끈다. 작품이란 '거친 말'(통용되는 개념이나 의미)의 세계에서 갈파되지 못하는 순수한 의미를 지니고 있기에, 어떤 면에서 작품은 완성된 것도 완성되지 않은 것도 아니다. 그저 작품은 '작품'으로 존재하는 것이다.

배경희의 「새」는 블랑쇼의 사유에 맞닿아 있다. 우리는 이 작품을 통해 새에 대한 어떠한 미지의 내용과 정보를 얻을 수 없다. 새에 대한 정보 포착에 실패하여 새에 관한 지식은 소멸되고 기존에 주어진 언어의 의미는 떨림에 실패한다. 다만 새의 시선을 따라가면 새가 바라보는 "먼 곳"을 볼 수 있을 뿐이다. 세계는 시선이라는 사르트르의 주장을 상기하지 않더라도 우리는 수양버들 가지들 사이 나뭇가지의 바스락거리는 소리나 낙엽 구르는 소리, 바위 사이에 웅크린 물고기의 뼈 끔거리는 작은 소음과 움직임도 시선으로 지각한다. 배경희의 시는 내용과 의미 대신 세계를 읽어내는 시선으로 시의 자리를 채워가고 있다. 새에 대한 '앎'이나 정보를 가지고 시인이 가진 사유를 독자에게 전달하는 데 주목하는 대신 알 수 없는 부분에서 분기하는, 즉 새에 대해 알고 있는 것과 알지 못하는 것 사이를 유영하며 하나로 결정되거나 소속되지 않는 '모호함'이라는 비결정성 ─ 물과 뭍 사이에 놓인 수양버들이 맺는 자연과의 교감처럼 전진과 퇴행, 상향과 하향, 생성과 소멸, 수렴과 발산 ─ 으로 "부풀었다 작아"질 뿐이다.

배경희의 「새」에는 여러 시선이 겹겹이 중첩되어 있다. 3연에 걸쳐 여러 시선이 포개지고 그것을 기록하는 시인의 시선과 독자의 시선이 직조되어 하나의 시를 완성한다. 하늘과 땅이라는 공간을 가르며 존재하는 '두 새'는 '나'와 '다른 나'의 시선으로 존재한다. 두 새와 한 마리의 고양이는 하나의 세계를 공유하면서 서로의 존재를 읽어나가는 존재들이다. 이들은 서로 관계 맺지 않는 방식으로 관계하며 '우정'을 쌓아나간다. 그리하여 비상하는 새의 고단한 현실과 존재성은 "풀밭에서" "없는 꽃, 없는 잎 재봉질을 하듯" 하는 다른 '나'의 시선으로 파악되는 것이다. 너는 "오랫동안 눈을 감"고 "무의미한 시간" 속을 비행 중이다. '너'의 "불안은 빨간 무릎"을 만들었고 너는 무수한 "얼굴을 놓쳐버"린다. '무의미', '감은 눈', '빨간 무릎', '불안'이라는 배경희의 시어는 풀밭에 있는 새의 시선에 의해 비상하는 새의 지난한 현실의 고통이 고스란히 파악된다. "풀밭을 해부하는" 새들은 "기억의 눈동자들이/너의 바깥을 헤"매며 비상하는 법을 잊어버린 듯하다. 그러나 고양이의 시선에는 비상하는 새들이 풀밭의 새들을 "에른스트 새장" 속에 담아 안고 함께 떠나는 것으로 읽힌다. 고양이의 '눈'에는 "봄날의…달빛"이 고여 있고 "새들이 통과"한다. 모든 세계가 고양이의 눈에 담겨 있다. 우리는 시선의 직조가 완성하는 하나의 세계를 감각한다.

그대의 자화상에 감겨 있던 붕대를 풀자
애달팠던 얼굴이 해바라기로 피었네
기다란 담뱃대에선
번뇌가 타고 있지

그대 눈물 닦기 위해 쿼더르트 가고 싶네
하늘에 똬리를 튼 뱀들은 꿈틀대고
붓끝이 머물던 자리
잠든 별이 눈 뜨네

알겠네, 귀를 자른 자네의 몸부림을
이전투구 들여다보다가 나도 귀를 만지네
번개가 어둠 가르자
천둥 우르르 쏟아지네

─ 김강호, 「고흐 생각」 전문

　그림을 본다는 것은 화자가 화가의 시간을 현재로 검토하는 일이다. 여기에는 시차時差가 발생하고 대상과 세계는 시인의 세계로 넘어와 새로운 세계를 형성한다. 시인의 시를 읽는다는 것은 시인의 시간을 독자의 시간으로 또다시 검토하는 일이다. 여기에도 시차時差와 시차視差가 생겨난다. 우리는 시를 통해 두 개 이상 공존하는 시간을 검토하며 하나의 사유로 고정해 나가는 것이다. 인간은 대상과 세계를 파악하기 위해 현재를 고정점으로 삼는다. 현재에서 대상과 세계는 새롭게 조형되고 수렴되어 새로운 질서 속에 수렴이 된다. 우리는 고흐에게서 탈주한 김강호의 「고흐 생각」을 통해 다시 고흐를 읽게 된다. 그림을 통해 감각한 고흐의 바깥은 김강호의 사유 저층에서 구성되고 획득된 시어를 통해 새로운 의미가 된다. 김강호는 고흐의 몇 점의 자화상과 해바라기, 결핍과 상실의 근원인 쥔더르트에서부터 "불끝이 머물던 자리" 아를(Arles)까지의 그림을 본다. 두터운 붓 터치로 거친 현실의 삶을 표현하면서도 밝은 색채를 통해 희망을 발견하려는 그의 시에서는 연민과 희망이 새롭게 피어난다. 김강호는 고흐의 도록이나 화집畵集을 통해 고흐와의 우정을 쌓으려 하지 않는다. 그것은 관계 맺지 않으면서 고흐와 관계 맺는 김강호만의 독특한 방식으로, 고흐의 그림을 통해 사유 저편에 자리한 자신의 광경을 보여주려고 하는 것이다. 김강호는 그림을 그리는 동안 내내 머릿속에 떠오르는 것을 그린 고흐처럼, 그림을 보는 동안 내내 머릿속에 떠오르는 '고흐'를 써 내려가며 고흐와의 특별한 우정을 쌓는 중이다.
　「해바라기」에 대해 동생 테오에게 보내는 편지에서 고흐는, "내 그림이 팔리지 않는 것은 나도 어쩔 수 없다. 그러나 언젠가 내 그림이 물감 값 이상의 가치가 있다는 것을 사람들이 알게 될 날이 올 것이다……."(이자벨 쿨, 권영진 옮김, 『I, Van Gogh』, 애경, 2007)라고 적었다. 그러한 고뇌를 읽어낸 김강호는 "자화상에 감겨 있던 붕대를 풀자/애달팠던 얼굴이 해바라기로 피"는 고흐를 마주한다. 희망을 버리지 않았던 그러나 고달픈 현실 속 그의 "기다란 담뱃대에선/번뇌가 타고 있"다. 김강호는 물과 뭍 경계에서 수양버들이 맺는 우정의 방식처럼, 이곳과 그곳의 경계에서 고흐를 위로한다. "이전투구 들여보다가" 귀를 만지는 '나'는 마침내, "귀를 자른 자네의 몸부림을" "알겠네"라고 말한다. '알았다'라는 고백은 블러(Blur) 처리된 대상과 세계에 대해 보이는 것만을 취하는 '앎'이 아니며 대상과 세계를 환상이나 예술작품으로 보려 하지 않는 데서 가닿는 진실의 고백이다. 흔히 모든 것을 보는 데 시간이 걸리고 초점이 필요하기에 사람들은 대상과의 거리에서 발생하는, 흐릿한 부분을 지우고 시야에 포착된 것을 전부라고 말한다. 그러나 '앎'은 전체를 파악하되 그것에 대해 다 말하지 못하는 한계를 인정하며 부분을 말함으로써 대상과 세계와 관계 맺는 방식이다. '삶'이라는 무른 재료로 빚어내는 것이 '시'라고 할 때 김강호의 시는 그의 삶의 태도를 투명하게 보여준다.

　　　힘든 고비 넘을 때마다 하늘은 왜 눈부신가
　　　망연해서 찔끔 울다 돌변하여 덤덤하게
　　　친구를 떠나보내고 쌀 한 포대 사 왔다

　　　순하디순한 이웃들과 몸 낮추어 부대끼다
　　　만나는 일보다 보내는 일이 익숙해져
　　　갈수록 쓸쓸한 날이 오고 있음을 알겠다

만성이 된 병인가 통증 없는 슬픔이라니,
강개하여 주먹 쥐고 앞장 서지 못했어도
순응의 물가에 앉아 다독이는 가쁜 숨

— 박정호, 「참 그렇다」 전문

　　박정호의 「참 그렇다」는 화려하지 않다. 번잡에서 초탈한 소박한 삶이 고스란히 담겨 있기 때문이다. 간명한 시어를 통해 그가 추구하는 생의 의미가 공유와 관계임을 알 수 있다. 시인은 생에 거대한 충돌인 죽음을 마주하지만 좌절하거나 무너지지 않는다. "망연해서 찔끔 울다"가 "돌변하여 덤덤하게/친구를 떠나보내고 쌀 한 포대"를 사 온다. 이는 죽음이 존재와의 결속이나 관계를 끊어낼 수 없다는 믿음을 자양분 삼았기 때문이다. "순하디순한 이웃들과 몸 낮추어 부대끼다/만나는 일보다 보내는 일이 익숙해져" '나'는 "갈수록 쓸쓸한 날이 오고 있음을" 느낀다. 이 모든 것이 마치 "만성" 병처럼, "통증 없는 슬픔"이지만 화자는 "순응의 물가에 앉아" 가쁜 숨을 다독인다. 인간이 주조한 단어 가운데 모든 사람에게 동일하면서 가장 충격이 되는 것은 '죽음'일 것이다. 우리는 '죽음'의 압력에 눌려 납작해지기 일쑤다. 죽음에 끝없이 내몰리면 삶으로 돌아올 길 없는 슬픔에 실려 가없는 고통의 바다에 표류할 뿐이다. 박정호의 시어 '덤덤', '익숙', '순응'은 상태가 주어진 외부 조건의 지속적 변화에 적응할 수 있도록 감각 작용을 변화하는 일이다. 박정호의 방식은 고통의 바다에 표류하지 않기 위해 주어진 풍경에 몸을 내맡기는 것이다. 인간에게 가장 고통스러운 일은 사랑하는 사람이나 지인의 죽음이지만 죽음을 머금은 삶에서 박정호는 절망을 택하지 않고 통증을 순응으로 이겨내며 통증의 흐름을 방해하고 교란한다. 이는 생과 사의 경계에서 존재가 세계를 이해하는 방식이 된다. 삶에 끼어드는 죽음의 반복이 분명 절망일 수 있지만, 남은 존재들과 주어진 삶을 더욱 소중하게 여기게 한다는 점에서 희망이다. 박정호의 화자는 절망 속에서 희망을 찾으려는 것이 아니라 희망의 색을 보지 못하는 존재가 절망에 두 눈이 멀 것을 경계하는 태도인 셈이다.

시는 일인칭의 욕망과 좌절의 기록(김수이, 『서정은 진화한다』, 창비, 2006, 298쪽)이기에, 대부분 시는 의식에 포착되지 못한 무의식의 기록일 것이다. 시인의 무의식을 물들인 두려움과 공포, 절망과 죽음은 의식의 저항과 균형, 순응과 인정이라는 방어기제로 의식의 수면에 솟아오른다. 시인들은 죽음과도 같은 절망과 고통을 응시와 공감을 통해 견디며 성찰해 나간다. 그 고통을 의지로 겹쳐보는 것이다. 시 안에서 철저한 이성과 의식의 통제에 의해 파악되는 현실이나 감정 과잉이라는 두둑한 몽상들은 일부이거나 단면일 수밖에 없다. 좋은 시는 복잡다단한 현실을 순간적으로 드러내면서도 그것을 극복 혹은 치유할 수 있는 상상적 대안 세계를 상징적으로 마련해(유성호, 「존재의 깊이를 경험케 하는 서정의 다양한 몫」, 『움직이는 기억의 풍경들』, 문학수첩, 2008, 31쪽) 현실과 꿈의 경계에서 조화와 균형을 찾아내는 것이다. 소개한 시편들이 지닌, 관계를 맺되 관계하지 않는 방식으로 침묵하며 '우정'을 드러내는 벅찬 에너지로 우리는 혹독한 겨울을 환희로 맞이할 수 있을 것이다. ■

【필자 약력】

시_

김성호 e-mail: symphonpoem@hanmail.net
1994년 계간 『시조문학』 천료. 2002년 『현대시』 신인추천작품상으로 등단. 시집 『소리의 하늘』 『소리의 여행』 『보도블록에 깃든 숨결』 『연약함이 강함을 용서한다』 외.

김애리샤 e-mail: wanderlust4104@hanmail.net
2018년 『창작21』 신인상으로 등단. 시집 『히라이스』 『치마의 원주율』, 공동시집 『시골시인J』.

김은옥 e-mail: indienk@hanmail.net
2015년 『시와문화』 신인상으로 등단. 수필집 『고도孤島를 살다』. 시집 『안개의 저쪽』(2022년 경기문화재단 지원금 수혜). 제3회 창작21작가상 수상.

김이담 e-mail: i815815@hanmail.net
충북 보은 생. 2019 계간 『가온문학』 〈가온이 발굴한 시인〉에 '그 바다의 뒷모습' 외 다수 작품 발표. 시집 『그 벽을 껴안았다』 외 다수.

김종휘 e-mail: jongwheek@gmail.com
1960년 전남 영광 출생. 1977년 캐나다로 이민했으며, 2000년 『시현실』로 등단. 현재 캐나다 영시낭송회 부회장.

김홍섭 e-mail: ihomer@hanmail.net
성균관대(대학원)경영학과, 서울대 대학원 졸업. Canada Trinity Western Univ.(TWU) 초빙교수. 2010년 『문학세계』 신인상으로 등단. 시집 『기다림이 힘이다』 『나는 어떻게 물들고 있을까』 외. 인천대 명예교수.

나금숙 e-mail: nnn2051@naver.com
2000년 『현대시학』 등단. 시집 『레일라 바래다주기』 『사과나무 아래서 그대는 나를 깨웠네』 외. 2002년 문예진흥기금, 2017년 서울문화재단 지원금 수혜.

문예진 e-mail: ans1679@naver.com
2022년 계간 『창작21』 신인상으로 등단.

문창길 e-mail: dlkot108@daum.net
1984년 두레시동인으로 작품활동 시작. 시집 『철길이 희망하는 것은』(문화예술진흥원 창작지원금 수혜). 『북국독립서신』(2019년 경기문화재단 지원금 수혜 및 문학나눔도서 선정). 인도네시아 번역시집 『Apa yang Diharapkan Rel Kereta Api』.

박선옥 e-mail: psunok@naver.com
2024년 계간 『창작21』 신인상으로 등단. 「숲廊문학」, 「풀밭」 동인.

박승일 e-mail: bagilhan25@daum.net
2020년 계간 『창작21』 신인상으로 등단.

박영선 e-mail: sgogs@hanmail.net
전북 김제에서 태어나 광명에 살고 있다. 시집 『조금 더 사소해지는 사이』로 작품활동 시작. 시집 『분홍달이 떠오릅니다』.

변예랑 e-mail: byr8899@naver.com
2020년 『창작21』 신인상으로 등단.

선종구 e-mail: bulimunga@daum.net
전남 벌교 출생, 2016년 시집 『여자만 소식』으로 작품활동 시작. 2022년 『창작21』 신인상으로 등단. 시집 『뿌리를 위하여』(2022년 문학나눔 도서 선정). 현재 벌교에서 쌀농사를 짓고 있다.

안새홍 e-mail: koduam0819@hanmail.net
강원도 영월 출생. 2019년 『창작21』 신인상으로 등단. 시집 『무게에 대하여』.

유나영 e-mail: nayoung4628@daum.net
『한국시』로 등단. 시낭송가. 한국문인협회, 익산문인협회 회원. 시집 『단 한 번의 사랑을 부르게 해주오』 『겨울 강』 외. 시조집 『그대 이름을 지피며』 외 다수.

윤선길 e-mail: baseysg@hanmail.net
장안대 문창과 졸업. 2011년 『창작21』 신인상으로 등단.

이선유 e-mail: leesj4363@naver.com
충남 청양 출생. 2016년 『창작21』 신인상으로 등단. 시집 『초록의 무늬』. 제1회 창작21작가상 수상.

이송우 e-mail: pennink21@naver.com
2018년 『시작』 시 등단. 시집 『나는 노란 꽃들을 모릅니다』 『신세기 타이밍』, 공편시집 『나의 투쟁 보고서』가 있음.

이장호 e-mail: easycosmo@naver.com
강원 평창 출생. 2022년 『창작21』 신인상으로 등단. 시집 『노랑은 색이 아니에요』.

이정희 e-mail: ljh652711@daum.net
전남 보성 출생. 2017년 『창작21』 신인상으로 등단. 시집 『모과의 시간』.

이중동 e-mail: whrkrekf12@naver.com
2019년 『창작21』 신인상으로 등단. 시집 『보헤미안을 기다리는 저녁』 외.

장혜승 e-mail: hsjang2625@hanmail.net
경북 의성 출생. 2003년 『현대시학』 시 신인상으로 등단. 시집 『씨앗』 『아직도 읽는 중』.

정대구 e-mail: jungdg72@daum.net
1936년 경기 화성 출생. 1972년 〈대한일보〉 신춘문예 당선. 시집 『칼이 되어』 『착한 토끼』 『아직도, 땡감』 외 다수. 수필집 『구선생의 평화주의』 외. 저서 『김삿갓 연구』 등. 명지문학상, 김삿갓문학상 등 수상.

정안덕 e-mail: jad1215@naver.com
전남 나주 출생. 숭의여대 미디어문예창작과 졸업. 2014년 『한국인문학』 수필 등단. 2018년 『창작21』 시 신인상으로 등단. 시집 『연두공을 치는 여자』 『네거리를 건너가는 산』. 수필집 『하늘의 별을 따라고 하세요』.

최태랑 e-mail: ctr5555@hanmail.net
전남 목포 출생. 2012년 『시와정신』으로 등단. 시집 『물은 소리로 길을 낸다』 『도시로 간 낙타』 『초록 바람』 외. 산문집 『내게 묻는 안부』. 시작상, 인천문학상 등 다수 수상.

표규현 e-mail: giftmind@hanmail.net
1955년 경기 남양주시 출생. 2017년 『창작21』 신인상으로 등단. 시집 『먼지 속으로 나는 새』 외.

소설_

임철균 e-mail: berlin-angel@hanmail.net
1964년 광주 출생. 가톨릭대 국문학과 졸업. 동대학원 2017년 『창작21』 소설, 2021년 『창작21』 시 신인상으로 등단. 2024년 『작가연대』 평론 신인상 수상. 박종철문학상 수상.

정수남 e-mail: jjssnam@hanmail.net
1945년 평양 출생. 1984년 〈서울신문〉 신춘문예로 등단. 자유문학상, 대한민국 장애인문학상, 한국소설문학상 등 다수 수상. 작품집 『분실시대』 『타성의 새』 외 다수. 시집 『병상일기』. 정수남문학공작소 운영.

수필_

박금아 e-mail: ilovelucy@hanmail.net
삼천포 출생. 숙명여대 불문과 졸업. 2015년 『매일신문』 신춘문예로 등단. 해양문학상, 등대문학상, 천강문학상 수상. 수필집 『무화과가 익는 밤』. 2019년 아르코 문학창작기금 수혜. 제2회 창작21작가상 수상.

원숙자 e-mail: sujanwon@hanmail.net
2017년 『한국수필』수필, 2020년 『창작21』시 등단 수필집 『남편과 참새농장 주인』『남편과 마법상자』외 다수.

평론_

심영의 e-mail: syeui@hanmail.net
소설가 겸 문학평론가, 인문학자. 소설집 『그날들』, 장편소설 『사랑의 흔적』『오늘의 기분』『옌안의 노래』, 평론집 『소설적 상상력과 젠더 정치학』『5·18, 그리고 아포리아』, 문화연구서『광주 100년-시장과 마을과 거리의 문화사』 등을 펴냈다.

염선옥 e-mail: tell2000@naver.com
서울여대 영문학과 졸업 및 동대학원 영문학과 수료. 2017년 계간 『창작21』시 신인상으로 등단. 2022년 〈서울신문〉〈조선일보〉 신춘문예 평론 당선. 동국대대학원 문예창작과 박사과정 수료.